Manfred Großmann / Siegfried Klaus / Thomas Stephan

# Nationalpark Hainich – Weltnaturerbe in Thüringen

Rangsdorf
Natur+Text

Manfred Großmann / Siegfried Klaus / Thomas Stephan

# Nationalpark Hainich –
# Weltnaturerbe in Thüringen

Gedruckt mit freundlicher Unterstützung von:

**Gesellschaft zur Entwicklung des Nationalparks Hainich**

**Stiftung Naturschutz Thüringen**

**Verein der Freunde der Vogelschutzwarte Seebach e.V.**

Bibliographische Information der Deutschen Nationalbibliothek
Die Deutsche Nationalbibliothek verzeichnet diese Publikation in der Deutschen Nationalbibliographie; detaillierte bibliographische Daten sind im Internet über http://dnb.dnb.de abrufbar.

Nationalpark Hainich – Weltnaturerbe in Thüringen
Manfred Großmann / Siegfried Klaus / Thomas Stephan
Rangsdorf: Natur + Text 2., aktualisierte Auflage 2023; 156 S.; 24 × 22 cm


Friedensallee 21, D-15834 Rangsdorf, Tel. 033708 / 20431
verlag@naturundtext.de; www.naturundtext.de
Lektorat: Roland Lehmann, Mirjam Zepp
Einbandgestaltung: Reinhard Bär
Layout und Satz: Reinhard Bär, Christof Ehrentraut, Birgit Cirksena
Gesetzt aus der Myriad Pro
Druck und Bindung: Westermann Druck Zwickau GmbH
Gedruckt auf Profisilk 150 g



ISBN 978-3-942062-59-6

Frühling im Hainich –
Schuppenwurz und Buschwindröschen.

# Inhalt

Durch die jungen Buchenblätter fällt der Blick auf den toten Baumriesen.

## Vorwort zur 1. Auflage 2014

Das nationale Naturerbe angemessen zu schützen hat in Deutschland keine Tradition. In Lexika kommt der Begriff „Naturerbe" nicht vor. Seit Jahrhunderten sind wir in Deutschland durch Kulturlandschaften und das Kulturerbe geprägt. Es wurde höchste Zeit, dass sich der Blickwinkel weitete. Ein Meilenstein auf diesem Wege war im europäischen Naturschutzjahr 1970 die Gründung des ersten deutschen Nationalparks im Bayerischen Wald. Inzwischen sind 14 weitere dazugekommen – ein Teil davon im Rahmen des Nationalparkprogramms der untergehenden DDR – und weitere stehen auf der Warteliste. Seit dem 31. Dezember 1997 existiert in Thüringen der Nationalpark Hainich, der

erste Nationalpark zum Schutz der für große Teile unserer Heimat typischen Waldvegetation, der Buchenwälder im mitteldeutschen Hügelland und Mittelgebirge.
1872 – über ein Jahrhundert früher – wurde in den Vereinigten Staaten von Amerika der Yellowstone-Nationalpark gegründet. Seitdem entstanden mehr als 2.200 Nationalparke weltweit in 120 Ländern. Ihr Ziel ist der konsequente Schutz großräumiger natürlicher oder naturnaher Landschaften für alle Zeiten. Das bedeutet, dass jegliche Nutzung der natürlichen Ressourcen durch Land- und Forstwirtschaft, Jagd und Fischerei zu unterbleiben hat, damit die natürliche, ungestörte Entwicklung der Lebensgemeinschaften nach ihren eigenen Gesetzen sichergestellt wird. Geschieht dies nicht, tragen Nationalparke ihren Namen zu Unrecht. Der wichtigste Unterschied zu großflächigen Naturschutzreservaten besteht darin, dass Nationalparke ausdrücklich naturliebenden Menschen zum Naturerleben, zur Begegnung mit ursprünglicher, wilder Natur geöffnet und erschlossen werden sollen, so weit es der Schutzzweck erlaubt.
Im Schatten des „eisernen Vorhangs" blieb unweit der einstigen innerdeutschen Grenze über Jahrzehnte im Hainich ein typischer Laubwald in seiner Substanz erhalten und von forstlicher Nutzung weitgehend verschont. Der Status von zwei Truppenübungsplätzen führte zwar lokal zu massiven Eingriffen, aber auch zu Ruhe und Abgeschiedenheit. Die ungeahnte Artenvielfalt war eine der großen Überraschungen, als das Gebiet nach der Wende zugänglich wurde. Und diese Artenfülle wurde seit der Nationalparkgründung durch eine Vielzahl von Untersuchungen untermauert: Nahezu 10.000 Arten, die für einen Laubwald typisch sind, konnten bisher nachgewiesen werden.
Als damaliger Vorsitzender der Föderation der Natur- und Nationalparke Europas, Sektion Deutschland e.V., später als Präsident von EUROPARC, habe ich das Ringen um die Ausweisung des Nationalparks Hainich miterlebt und aktiv begleitet. Nach meinen anfänglichen Zweifeln am Gelingen eines nach IUCN-Regeln anerkennungswürdigen Nationalparks – solange die Bundesforstverwaltung noch weiter Holz einschlug – besteht heute ungeteilte Freude über das Erreichte! Bei einer gemeinsamen Hainichwanderung im Mai 2008 mit den Akteuren der ersten Stunde, zu denen auch die Autoren dieses Buches gehören, wurde klar: Mit 94 % ungenutzter Fläche steht der Hainich heute in Deutschland an der Spitze der Erfüllung unserer Zielstellung „Natur Natur sein lassen". Gekrönt wurde dieser Erfolg 2011 nicht zuletzt durch die Einschreibung als Teil der UNESCO-Welterbestätte „Buchenurwälder der Karpaten und Alte Buchenwälder Deutschlands".

So bleibt zu hoffen, dass dieses Buch, das die wunderbare Schönheit der Wälder des Hainich mit ihrer artenreichen Pflanzen- und Tierwelt zeigt, aber auch ihre Verletzlichkeit ahnen lässt, in viele Hände gelangen möge! Den Autoren, von Anfang an engagierte Streiter in vorderster Reihe für diesen großartigen Laubwald-Nationalpark, Dank und Anerkennung!

Dr. Hans Bibelriether

## Vorwort zur 2. Auflage

Die erste Auflage von 2014 hat eine erfreuliche Aufnahme gefunden und ist vergriffen, sodass wir hier eine aktualisierte Neuauflage vorlegen können.

2011 hat das Welterbekomitee der UNESCO die „Alten Buchenwälder Deutschlands" als Erweiterung der slowakisch-ukrainischen Weltnaturerbestätte „Buchenurwälder der Karpaten" in die Welterbeliste aufgenommen. Unter den fünf deutschen Gebieten war auch der Nationalpark Hainich. Er hat es damit in wenigen Jahren seit seiner Gründung Ende 1997 vom einstmaligen militärischen Übungsgebiet zum Welterbe geschafft, eine erstaunliche Entwicklung.

Dass es diesen Nationalpark überhaupt gibt, war zunächst alles andere als selbstverständlich. Den begeisterten Berichten und Plänen von Naturschützern für einen Buchen-Nationalpark im Hainich standen die große Skepsis der Waldeigentümer im Nordhainich sowie unterschiedlichste Vorstellungen in der Bevölkerung, was denn mit einem Nationalpark verbunden sei, gegenüber. Die Entscheidung der Landesregierung 1996, ein „Integriertes Schutzkonzept" mit einem relativ kleinen Nationalpark im Südteil des Hainich ausschließlich auf öffentlichen Flächen umzusetzen, um den unterschiedlichen Interessen gerecht zu werden, hat sich aus heutiger Sicht als richtig erwiesen.

Klein, aber fein, so sollte sich der Hainich entsprechend des Mottos „Natur Natur sein lassen" entwickeln. Heute befindet sich hier die größte nutzungsfreie Laubwaldfläche Deutschlands. 90 % des Nationalparks sind frei von forstlichen Eingriffen. Auf 10 % seiner Fläche findet ein gezieltes Management zum Schutz gefährdeter Offenlebensräume und der hier vorkommenden seltenen Arten statt. Dass heute gelegentlich Wolf und Luchs durch die Hainichwälder streifen und der Kranich brütet, war 1997 kaum vorstellbar.

Ziel der Ausweisung war nicht nur eine möglichst natürliche Entwicklung, sondern den Menschen in der Region eine Perspektive zu geben. Der Aufbau einer Infrastruktur mit ansprechenden Wanderwegen war ein wichtiger Arbeitsschwerpunkt der ersten Jahre. Mit der Eröffnung des Baumkronenpfades 2005 hat die Region als Tourismusgebiet einen gewaltigen Schub bekommen. An der Thiemsburg folgten ein Nationalparkzentrum mit Ausstellung, später erweitert durch eine Wurzelhöhle. Für Kinder entstand dort die Abenteuerwildnis Fagati. 2012 wurde das Wildkatzendorf eröffnet, wo heute Wildkatzen und Luchse zu beobachten sind. Im Umfeld gibt es vielfältige Übernachtungsmöglichkeiten, wie das WaldResort, Chalets und die Jugendherberge Urwald-Life-Camp. In den 25 Jahren seines Bestehens haben mehr als sechs Millionen Menschen den Hainich besucht, rund die Hälfte davon den Baumkronenpfad. Als „Welterberegion Wartburg Hainich" hat die Region gute Chancen, sich weiterhin touristisch zu entwickeln

Bedenkt man, dass noch Anfang der 1990er-Jahre Geschützdonner und Panzerlärm das Gebiet prägten, so dürfen wir uns über das Erreichte umso mehr freuen. Wir danken allen, die zu der Entwicklung des Nationalparks Hainich sowohl als herausragendes Naturgebiet als auch als interessantes Ausflugsziel beigetragen haben. Wir sollten weiterhin am Schutz und an der Erhaltung unseres reichen Natur- und Kulturerbes in Thüringen arbeiten. Die kommenden Generationen werden es uns danken! Dem Nationalpark Hainich wünschen wir auch für die Zukunft eine gute Entwicklung auf dem Weg zum „Urwald mitten in Deutschland".

Die Autoren

Bad Langensalza, im März 2023

Letzte Sonnenstrahlen bringen die Eschen zum Leuchten.

# Auf dem Weg zum Welterbe

## Welterbeübereinkommen

Die zentrale Idee des 1972 von der UNESCO verabschiedeten Übereinkommens zum Schutz des Kultur- und Naturerbes der Welt (kurz: Welterbeübereinkommen oder Welterbekonvention) gipfelte in der „Erwägung, dass Teile des Kultur- oder Naturerbes von außergewöhnlicher Bedeutung sind und daher als Bestandteil des Welterbes der ganzen Menschheit erhalten werden müssen" (aus der Präambel der Konvention). Bestimmte Kulturdenkmäler und Naturerbestätten gehören daher nicht allein dem jeweiligen Staat, sondern sind ideeller Besitz der gesamten Menschheit. Unter den ersten Welterbestätten waren z. B. die Altstadt von Krakau, die Galapagos-Inseln, der Yellowstone-Nationalpark und als erste deutsche Stätte der Aachener Dom. Der Titel „Welterbestätte" ist begehrter denn je. In den letzten Jahren haben die Welterbestätten, deren Beantragung, Status, aber auch Gefährdung, eine große mediale Aufmerksamkeit erreicht. So war der Name „Waldschlößchenbrücke" in Dresden eine Zeit lang in aller Munde; im Juni 2009 hat die UNESCO dem „Dresdner Elbtal" wegen des Baus dieser Brücke den Titel aberkannt. 2022 wies die Welterbeliste 1.156 Stätten in 167 Ländern auf. 899 gehören zum Kulturbereich, 218 zum Naturbereich und 39 sind gemischte Stätten, d. h. sie erfüllen Kriterien des Kultur- und Naturerbes gleichermaßen. In Deutschland sind 51 Stätten auf der Welterbeliste, aber nur drei davon im Naturbereich. Die Fossilienfundstätte Grube Messel bei Darmstadt mit ihren spektakulären Funden aus einer Zeit vor ca. 50 Millionen Jahren war 1995 die erste Weltnaturerbestätte in Deutschland. 2009 folgte das Wattenmeer, bestehend aus den Nationalparken Schleswig-Holsteinisches und Niedersächsisches Wattenmeer sowie dem Niederländischen Wattenmeer (2011 ergänzt durch den Nationalpark Hamburgisches Wattenmeer), u. a. wegen seiner großen Bedeutung für den Vogelzug. 2011 folgten die fünf Gebiete „Alte Buchenwälder Deutschlands" als Erweiterung der seit 2007 bestehenden slowakisch-ukrainischen Weltnaturerbestätte „Buchenurwälder der Karpaten" mit ihren zehn Teilgebieten.

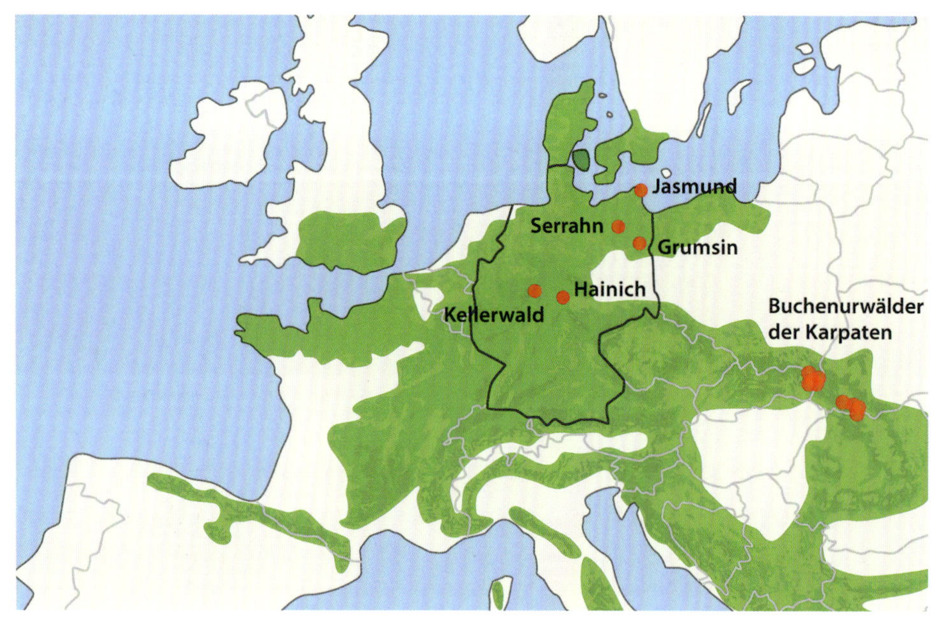

Lage der Welterbeflächen innerhalb der natürlichen Buchenverbreitung (Stand 2011).

## Buchenwälder als Welterbe?

Um weiteres Potenzial für Naturerbegebiete in Deutschland zu ermitteln, wurde 2004 im Auftrag des Bundesamtes für Naturschutz die Studie „Screening potenzieller deutscher Naturwerte für das UNESCO-Welterbeübereinkommen" durchgeführt. Dabei wurden erstmals auch die „Buchenwälder" thematisiert. Für die nationale Nominierung eines Gebietes wurden als Ergebnis dieser Studie keine Chancen gesehen, wohl aber für den Vorschlag einer Welterbestätte, bestehend aus Teilgebieten in Deutschland zusammen mit Gebieten in Polen, der Slowakei und der Ukraine. In einer 2006 erstellten Studie wurde dann diese Idee aufgegriffen und weiterentwickelt. Untersucht wurde die Wertigkeit und Ausprägung von Buchenwäldern in Deutschland, wobei die Gewährleistung der Nutzungsfreiheit dieser Wälder durch einen angemessenen Schutzstatus ebenfalls eine große Rolle spielte.

Im Ergebnis waren es fünf Schutzgebiete, die für die Antragstellung geeignet erschienen:

- der Nationalpark Jasmund (Mecklenburg-Vorpommern),
- der Serrahn als Teil des Müritz-Nationalparks (Mecklenburg-Vorpommern),
- das Biosphärenreservat Schorfheide-Chorin (Brandenburg) mit dem Totalreservat Grumsin,
- der Nationalpark Hainich (Thüringen) und
- der Nationalpark Kellerwald-Edersee (Hessen).

Um als Welterbe anerkannt zu werden, muss ein „außergewöhnlicher universeller Wert" (Fachbegriff in der Konvention: outstanding universal value) belegt werden. Ein solcher Wert scheint bei Buchenwäldern zunächst nicht erkennbar zu sein, sehen wir sie doch als „normalen Wald", bei uns noch dazu seit Jahrhunderten genutzt. Dennoch

Zusammengebrochene Esche

weisen unsere Buchenwälder im globalen Vergleich durchaus einige Alleinstellungsmerkmale auf:

- Es sind Laubwälder, die nur von einer Baumart, der Rotbuche (*Fagus sylvatica*), dominiert werden.
- In ihrer Verbreitung sind diese Buchenwälder auf Europa beschränkt. Ohne den Einfluss des Menschen wären sie in Mitteleuropa landschaftsprägend. Rund zwei Drittel der Landfläche Deutschlands würden von ihnen bedeckt sein.
- Die Buche hat es aufgrund ihrer großen ökologischen Potenz geschafft, nach der Eiszeit aus kleinen Rückzugsgebieten im Süden und Südosten Europas heraus in den letzten 4.000 Jahren weite Teile Europas zu besiedeln. Dieser ökologische Prozess dauert noch an und stellt ein weltweit einmaliges Beispiel dafür dar, wie eine einzige Baumart sich gegenüber ihren Konkurrenten durchsetzen und auf großer Fläche dominieren kann.
- Buchenwälder besiedeln ein breites Spektrum an Standorten in einem weiten Klima- und Höhenrahmen, von trocken bis feucht, von nährstoffarm bis nährstoffreich, von stark sauer bis kalkreich.
- Die verschiedenen Buchen-Waldgesellschaften stellen trotz der Vorherrschaft nur einer Baumart in unseren Breiten einen Haupt-Lebensraum für die hier lebenden Pflanzen, Tiere und Pilze dar. Seit längerer Zeit unbewirtschaftete Buchenwälder zeichnen sich durch eine hohe Artenvielfalt aus, bedingt durch dicke, alte Bäume mit einer Vielzahl von Kleinstrukturen, einem kleinräumigen Wechsel von Waldbildern und Waldentwicklungsphasen sowie großen Mengen von Totholz unterschiedlicher Exposition und Zersetzung. Zahlreiche Untersuchungen der letzten Jahre haben die Behauptung widerlegt, Buchenwälder seien artenarm. So wird allein die Zahl der Tierarten in Buchenwäldern auf rund 6.000 geschätzt.

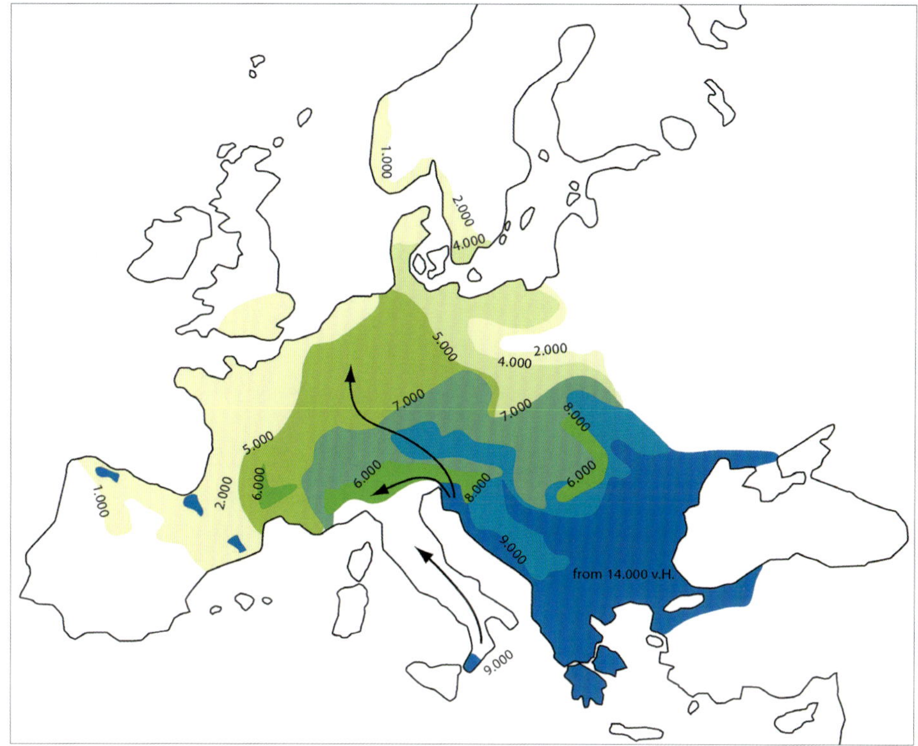


Rückzugsgebiete, Ausbreitungszentren und Ausbreitung der Buche in der Nacheiszeit.

- Außergewöhnlich ist auch der jahreszeitlich bedingte Wandel der Buchenwälder. So lockt der Blütenreichtum der Krautschicht im zeitigen Frühjahr viele Menschen in diese Wälder. Aber auch das zarte Grün des ersten Laubaustriebes und das Farbenspiel im Herbst begeistern jeden Naturfreund.
- Die Geschichte der Buche ist eng mit der Kulturgeschichte der europäischen Zivilisation verbunden. Die nacheiszeitliche Rückbesiedlung der Landschaft durch die Buche verlief parallel zur Sesshaftwerdung des Menschen und zur Herausbildung höher organisierter Gesellschaftsformen. Daher ist die Buche tief in unserer Kultur verwurzelt. Worte wie Buch oder Buchstabe, aber auch die Namen von etwa 1.500 Orten allein in Deutschland lassen sich auf die Buche zurückführen.

## Einmalige Buchenwälder im Hainich – Deutschlands globale Verantwortung

Die Initiative, eine Auswahl Buchenwälder, zu der auch der Hainich gehören sollte, als Beitrag Deutschlands zum Weltnaturerbe bei der UNESCO zu beantragen, geht insbesondere auf einen Vorschlag von Wilhelm Bode, damals Leiter der obersten Naturschutzbehörde im Saarland, vom März 2004 zurück. Buchenwälder mit ihren Begleitbaumarten gehören zu den eindrucksvollsten Naturerscheinungen Europas. Von Natur aus würden sie über 900.000 km$^2$ bedecken, eine Fläche fast dreimal so groß wie Deutschland. Die Buche, eine echte Europäerin, findet man von der Meeresküste und nährstoffarmen Dünensanden bis hin zur Waldgrenze in den Bergen, von sauren Schiefergesteinen bis hin zu reichen Lehmböden und Kalkgestein. Unsere Buchenwälder sind Laubwälder, die nur von einer Baumart dominiert werden; dabei wird die Buche aber oft noch von zahlreichen anderen Laubbaumarten begleitet. Die Buche hat es aufgrund ihrer großen ökologischen Potenz geschafft, nach der Eiszeit aus kleinen Rückzugsgebieten im Süden und Südosten Europas in den letzten 4.000 Jahren weite Teile Europas zu besiedeln. Dieser ökologische Prozess dauert noch an und stellt ein weltweit einmaliges Beispiel dar, wie eine einzige Baumart sich gegenüber ihren Konkurrenten durchsetzen und auf großer Fläche herrschen kann. Ein Viertel des natürlichen Buchenareals entfällt auf Deutschland, das etwa zu zwei Dritteln seiner Fläche von Buchenwäldern bedeckt wäre. Daraus ergibt sich die globale Verantwortung Europas und Deutschlands für den Schutz von Buchenwäldern. Diese Verantwortung wurde durch die EU wahrgenommen, indem Buchenwaldgesellschaften durch das Programm NATURA 2000 unter Schutz gestellt wurden.

Im einstigen Buchen-Waldland Deutschland sind Buchenwälder auf nur noch 6,6 % ihrer potenziellen Fläche zu finden. Diese verbliebenen, fast allesamt bewirtschafteten Flächen sind von einem Mangel an Strukturen (z. B. Totholz) gekennzeichnet. Nur 6 % dieser Buchenwälder sind älter als 160 Jahre, obwohl Buchen 300–400 Jahre alt werden können. Größere zusammenhängende und nutzungsfreie Flächen sind selten. Dies macht Wälder wie im Nationalpark Hainich, wo sich auf fast 7.000 ha ein „Urwald mitten in Deutschland" entwickeln kann, so wertvoll und einmalig.

*„Bald wird die Zeit kommen, wo man die gigantischen Stämme, die früher die deutschen Wälder enthielten, nur unter die Fabeln zählen wird."*

Wilhelm Pfeil 1833

Lebensstufen der Buche, der beherrschenden Baumart im Hainich: vom Keimling über Jungbuchen zum Baumriesen mit Früchten.

An den Steilhängen der Karpaten haben sich bis heute echte Urwälder erhalten (Stuzhytsia-Uzhok, Uzhanskyi Nationaler Naturpark in der Ukraine).

Neben dem „außergewöhnlichen universellen Wert", einem ausreichenden Schutz und einer funktionierenden Gebietsverwaltung ist die „Unversehrtheit" (integrity) der potenziellen Welterbestätte sehr wichtig. Hier hat aber der zivilisatorische Einfluss seit dem Mittelalter tiefe Spuren hinterlassen: Das einstige (Buchen-)Waldland Deutschland ist heute zu knapp einem Drittel bewaldet, wovon Buchenbestände ca. 15 % an der gesamten Waldfläche einnehmen. Sie wachsen damit auf weniger als 10 % der Fläche, die sie ohne menschlichen Einfluss eingenommen hätten. Größere zusammenhängende Buchenwälder sind selten geworden und Buchen-Urwälder bei uns längst verschwunden. Lediglich im östlichen Mitteleuropa, vor allem in den Karpaten, sind noch Buchen-Urwälder verblieben. Vor diesem geschichtlichen Hintergrund ist es verständlich, dass nur 6 % unserer Buchenwälder älter als 160 Jahre und die jüngeren Bestände von einem Mangel an Strukturen, vor allem Totholz, gekennzeichnet sind. Erst seit relativ kurzer Zeit können sich auch in Deutschland wieder Buchenwälder in Nationalparken, Kernzonen von Biosphärenreservaten und Naturwaldreservaten natürlich entwickeln und zu Naturwäldern regenerieren. Der Anteil von Buchenwäldern ohne forstliche Nutzung ist gering und liegt derzeit bei ca. 3,2 % an der heutigen Gesamtbuchenwaldfläche. Bezogen auf die Waldfläche in Deutschland beträgt der Anteil, der ohne Holznutzung einer natürlichen Entwicklung überlassen wird, nur bescheidene 3,1 % (BfN, Stand 2020). Das ist noch deutlich entfernt von dem für 2020 angestrebten Ziel, 5 % der Waldfläche aus der Holznutzung zu entlassen.

## Vom Antrag zur Einschreibung

Das Antragsverfahren an die UNESCO ist sehr anspruchsvoll und erfordert eine umfassende Vorbereitung. Ein entscheidendes Ereignis fand im Juni 2007 statt: Zehn Buchenwälder in der Slowakei und der Ukraine wurden als „Buchenurwälder der Karpaten" in die Liste des Welterbes eingeschrieben. Im Bericht der Weltnaturschutzunion IUCN, die im Auftrag der UNESCO sämtliche Naturerbe-Anträge prüft, findet sich folgender Satz: „Indes gibt es in Deutschland einige bedeutsame alte Buchenwälder, die den Umfang der ursprünglichen Buchenwälder Europas in der Liste des Welterbes erweitern könnten." Mit dem Bericht und dem Vorschlag zur Einschreibung war zum einen klargestellt, dass Buchenwälder welterbewürdig sind, zum andern, dass gerade Deutschland noch wertvolle Erweiterungsflächen zu dieser Welterbestätte beitragen könnte. Anfang 2010 reichte Deutschland den Antrag „Alte Buchenwälder Deutschlands" als Erweiterung der Naturerbestätte „Buchenurwälder der Karpaten" bei der UNESCO ein. Die fünf für die Nominierung vorgeschlagenen Gebiete repräsentieren die wertvollsten verbliebenen, größeren Reste naturnaher Buchenbestände in Deutschland. Forstliche Nutzung findet hier zum Teil seit Jahrzehnten nicht mehr statt. Innerhalb der o.g. Schutzgebiete wurden die Teilflächen mit der größten Naturnähe als Weltnaturerbe vorgeschlagen.

## Buchenurwälder der Karpaten

Im Juni 2007 wurden zehn Urwaldgebiete in den Karpaten der Slowakei und der Ukraine in die Welterbeliste der UNESCO eingeschrieben. Die Karpaten zählen zu den eindrucksvollsten Naturlandschaften Europas. Steile, nur schwer zugängliche Berge, wilde Flüsse und ein raues Klima machten in der Vergangenheit eine intensive Nutzung und Erschließung kaum möglich. Die Lage der Karpaten im östlichen Mitteleuropa, jahrhundertelang wechselnden Herrschern zugehörig, trug ebenso dazu bei, dass hier ein bemerkenswert zusammenhängender, naturnaher Großraum bis in unsere Tage erhalten blieb. Die individuenstarken Vorkommen von Großtieren wie Bär, Wolf und Luchs unterstreichen die ökologische Bedeutung. Zu den besonders kennzeichnenden Lebensräumen der Karpaten gehören Buchenwälder.

Wer sich zum ersten Mal in dem Bereich der Karpaten befindet, wo Polen, die Slowakei und die Ukraine zusammenstoßen, dem wird sofort die Großflächigkeit der dortigen Buchenwälder ins Auge fallen: Hänge, die schier endlos mit geschlossenen Buchenwäldern bedeckt sind, die bis an die Waldgrenze reichen, eingebettet in eine sehr kleinteilige, extensiv genutzte Kulturlandschaft. In den Buchenwäldern, die nach dem Fall des Eisernen Vorhanges und vor allem in den letzten Jahren einem verstärkten Nutzungsdruck ausgesetzt sind, liegen Urwälder, die für Europa einmalig sind.

Diese Urwaldgebiete nehmen zusammen eine Fläche von knapp 30.000 ha ein. Der Kleinste von ihnen ist der Rozok in der Slowakei mit 67 ha, der größte die Uholka in der Ukraine, mit 11.800 ha der größte Buchenurwald der Erde. In keinem der Gebiete hat jemals forstliche Nutzung stattgefunden, sodass sich hier seit dem Ende der Eiszeit eine beeindruckende Entwicklung abspielen konnte. Obwohl sich außer der Buche keine anderen Baumarten in der Oberschicht befinden, sind die Waldbestände alles andere als monoton. Jahrtausendelange ungestörte Entwicklung hat ein Mosaik an Kleinstandorten geschaffen, das durch die natürliche Dynamik ständigen Änderungen unterworfen ist. Baumriesen mit einem Stammdurchmesser bis 1,40 m und über 50 m Höhe wechseln sich kleinflächig mit Bäumen anderer Altersstadien ab. Totholzmengen von mehr als 100 Festmeter pro Hektar sind keine Seltenheit. Zahlreiche, bei uns höchst seltene oder gar ausgestorbene Käferarten sind hier in hohen Dichten zu finden. Das gilt auch für Vögel, z. B. Weißrückenspecht, Zwerg- und Halsbandschnäpper, Habichtskauz, Schwarzstorch und Schreiadler.

Im Antragstext wurde folgende Erklärung zum „außergewöhnlichen universellen Wert" formuliert: „Das nominierte Cluster ‚Alte Buchenwälder Deutschlands' repräsentiert in herausragender Weise die ungestört ablaufenden biologischen und ökologischen Prozesse der Evolution und Entwicklung der Buchenwälder als terrestrisches Ökosystem, das in einzigartiger Weise einen ganzen Kontinent geprägt hat. Zusammen mit der Welterbestätte ‚Buchenurwälder der Karpaten' erzählen die ‚Alten Buchenwälder Deutschlands' umfassend und prägnant die Geschichte der nacheiszeitlichen Waldentwicklung in Europa. Keine andere Baumart nimmt weltweit in der Zone der gemäßigten Laubwälder von Natur aus eine so dominante und einzigartige Rolle ein wie *Fagus sylvatica* und bestimmt das Erscheinungsbild und das Leben derart, wie in natürlichen Buchenwäldern. Die ‚Alten Buchenwälder Deutschlands' erweitern das räumlich auf die Karpaten beschränkte Weltnaturerbe ‚Buchenurwälder der Karpaten' um die besten Buchenwälder von der Meeresküste bis in die Mittelgebirge als wichtige Repräsentanten der biogeografischen Region ‚Mitteleuropäische Buchenwälder' und damit des Kerngebietes der Buchenverbreitung mit seiner seit der Eiszeit ablaufenden Ökosystem-Evolution."

Die deutsche Delegation war mit gemischten Gefühlen zur entscheidenden Sitzung des UNESCO-Welterbekomitees im Juni 2011 nach Paris gereist. Dass es unsere Buchenwälder „schaffen", war von Beginn an alles andere als selbstverständlich. Ungestörte Naturlandschaften sind in Deutschland nach vielen hundert Jahren Nutzung nicht mehr zu finden. Im Gegensatz zu den Karpaten handelt es sich bei den deutschen Wäldern nicht um Urwälder, sondern um ehemals bewirtschaftete Wälder, die erst seit wenigen Jahrzehnten aus der Nutzung genommen sind. Die durch die Schutzgebietsausweisungen bereits erreichte Qualität, die funktionierende Gebietsverwaltung und die naturräumlichen Besonderheiten – Kalk-Buchenwälder im Hainich, Hainsimsen-Buchenwälder im Kellerwald, Tieflandbuchenwälder in Grumsin und Serrahn sowie Buchenwälder auf Kreide am Meer auf Jasmund – haben aber eine positive Einschätzung der deutschen Bewerbung durch das Welterbekomitee erlaubt und waren letztendlich die Grundlage für unseren Erfolg. Am 25. Juni 2011 fiel in der Sitzung des Welterbekomitees die Entscheidung zur Einschreibung der deutschen Gebiete in die Welterbeliste. Die Buchenbestände der Welterbegebiete in den Karpaten besiedeln vor allem Bereiche zwischen 600 und 1.200 m Höhe über dem Meeresspiegel. Teilweise bildet die Buche dort die Waldgrenze. Im Gegensatz dazu liegen die fünf deutschen Gebiete (s. Karte S. 12) im Mittelgebirge bis 600 m bzw. im Tiefland zwischen 0 und 160 m über dem Meeresspiegel.

Innerhalb der Welterbestätte repräsentiert der Hainich den arten- und nährstoffreichen Buchenwald des Mittelgebirges (kollin bis submontan) auf Kalkgestein. Seine Waldlandschaft wird von zusammenhängenden Buchenwäldern gebildet und zeichnet sich durch einen besonders ausgeprägten Bestand an Frühblühern und einen großen Baumartenreichtum aus. Heute weist der Nationalpark Hainich mit rund 5.000 ha die größte nutzungsfreie Laubwaldfläche Deutschlands auf. Das Welterbegebiet mit einer Fläche von 1.570 ha liegt im Kernbereich des Nationalparks auf einem Fünftel der Gesamtfläche. Einschließlich der 4.090 ha großen Pufferzone nimmt es 75 % der Gesamtfläche des Nationalparks ein. 2017 und 2021 wurde die Welterbestätte erweitert und umfasst nun 94 Gebiete in 18 Staaten mit zusammen fast 100.000 ha Buchenwäldern. Damit ist das Buchenareal nahezu vollständig repräsentiert.

**Rechte Seite:** Gelb- und Brauntöne dominieren im herbstlichen Buchenwald.

*„Zu verübeln ist ihnen nur, dass sie meinen, wir könnten es uns – bei 7 Millionen Hektar Wald! – nicht leisten, ein paar zehntausend davon sich selbst zu überlassen"*
Horst Stern 1979

## Prozessschutz oder

# *„Natur Natur sein lassen"*

Hans Bibelriether verdanken wir den griffigen Spruch: „Natur Natur sein lassen". Dieser wurde zum Motto der deutschen Nationalparke, der Nationalparke überhaupt. Als etwas komplizierterer Begriff hat sich das Wort „Prozessschutz" eingebürgert. Einfach ausgedrückt, handelt es sich um den Schutz natürlicher Entwicklungsvorgänge, vom Menschen nicht gesteuerter Dynamik in der Natur. Wichtige Gründe für diese Erweiterung der Naturschutzziele:

- Wahrung des Eigenrechts der Natur auf ungestörte Entwicklung ohne nutzungsbedingte Eingriffe in ausgewählten Schutzgebieten.
- Erhalt der für den Lebensraum typischen Artenvielfalt und Evolution. Nur auf großen Flächen kann die allmähliche Anpassung von Arten, z. B. an veränderte Klimabedingungen, ungestört von menschlichem Einfluss ablaufen, denn eine Vorhersage, in welche Richtung und wie Evolution ablaufen soll, ist unmöglich.
- Bedarf an Vergleichsflächen für die Forschung.

Prozessschutz kann selbst in unserem dicht besiedelten Land umgesetzt werden, auch wenn dies großflächig nur in Nationalparken, die aktuell lediglich einen Anteil von 0,6 % an der Landfläche haben, und einigen anderen Großschutzgebieten möglich sein wird.

Im Nationalpark Hainich ist das Ziel bereits auf der überwiegenden Fläche erreicht: Im 7.500 ha großen Nationalpark findet auf 90 % der Fläche keinerlei Nutzung mehr statt. Damit kann sich auf rund 5.000 ha Fläche der Wald nach den natürlichen Gegebenheiten entwickeln, weitere 2.000 ha befinden sich auf dem Weg zum Wald.

Auf den ehemaligen Schießbahnen lässt sich die Wiederbewaldung vom Grasland zum Wald beobachten. Daneben finden wir Waldbestände, in denen sich die Entwicklungsphasen eines „Urwaldes" (Verjüngungs-, Optimal-, Alterungs- und Zerfallsphase) nach- und nebeneinander vollziehen. Die typischen Arten des Laubwaldes werden hier nicht durch Hilfsmaßnahmen oder Waldpflege erhalten, sondern dadurch, dass Lebensräume, die von bestimmten Arten gebraucht werden, mosaikartig über die Fläche verteilt immer wieder neu entstehen können. In Forschungsprojekten wird diese Entwicklung über lange Zeiträume verfolgt.

Wiederbewaldung im Südteil des Nationalparks auf einer 1980 kahlgeschlagenen und anschließend militärisch genutzten Fläche.

# Historisches über den Hainich

## Siedlungsgeschichte der Hainichregion

Das an den Hainich direkt angrenzende Thüringer Becken ist uralter Siedlungsraum des Menschen, wie sensationelle Knochenfunde bei Bilzingsleben ans Licht brachten. Vor mehr als 300.000 Jahren ging hier der *Homo erectus* auf Jagd und erlegte so gewaltige Großtiere wie Waldelefant, Waldnashorn, Bison, Auerochs, Wasserbüffel, Wildpferd und Bär. Sogar von erbeuteten Löwen, Luchsen, Wildkatzen, Wölfen, Bibern und Altbibern blieben die Knochen erhalten.

Wenige Kilometer nördlich des Nationalparks befinden sich ein Gräberfeld und Siedlungsspuren von Bandkeramikern, datiert um 4.500 v. Chr. Die Bandkeramiker, eine bäuerliche Kultur der Jungsteinzeit, benannt nach der Verzierung der keramischen Gefäße mit einem Bandmuster, waren die ersten Ackerbauern und Viehzüchter im Gebiet und kamen aus dem mittleren Donauraum. Durch Ausgrabungen im Bereich des Opfermoors bei Niederdorla konnte dort eine Kultstätte aus dem 6. Jahrhundert v. Chr. nachgewiesen werden.

Das Gebiet um den Hainich ist sehr geschichtsträchtig. Viele regionale Besonderheiten finden ihre Erklärung in der Vergangenheit. Mahn- und Sühnekreuze sowie zahlreiche Grenzsteine verschiedenster Art stehen noch heute im Nationalpark. Die Grenzen von ehemaligen Kleinstaaten, Ortsgemarkungen, Forstrevieren, Kommunal- und Privatwaldungen stießen hier aneinander. Jahrhundertealte Grenzverläufe im Hainich sind als Verwaltungsgrenzen bis in die Gegenwart gültig bzw. als ehemalige Verwaltungsgrenze erkennbar, z. B. die Grenze nach Preußen. Bis in das 8. Jahrhundert hinein entstanden südlich und nördlich des Hainich Siedlungen im sogenannten „Altsiedelland“. Diese germanischen Siedlungen zählen zu den ältesten Siedlungszentren Deutschlands. Durch die planmäßig betriebene fränkische Landnahme kam es zur Ausweitung des Siedlungsgebietes. Zum Ende der Völkerwanderung drang der Mensch auf der Suche nach neuen Siedlungs- und Anbauflächen noch stärker in die Waldgebiete vor.

Landwirtschaftliche Güter wurden über die Handelswege des Hainich zur Werra transportiert. Von dort wurden die Waren in Richtung Norddeutschland verschifft. An der Hohen Straße, eine der wichtigsten Passstraßen über den Hainich, liegen die ehemalige Siedlung Eilfelden, heute Ihlefeld genannt, und die Betteleiche, ein Wahrzeichen des Hainich. Mitte des 15. Jahrhunderts zogen die Menschen aus den Hainichwäldern fort. Zurück blieben zahlreiche Wüstungen. Die Siedlung Eilfelden überstand die Jahrhunderte, ihre Bewohner wurden erst mit der Anlage des Truppenübungsplatzes Weberstedt 1964 ausgesiedelt. Der Ort Hesswinkel bei Behringen wurde in den 1970er-Jahren aufgegeben und ist damit die jüngste Wüstung des Hainich.

Einen umfassenden Überblick zur Siedlungsgeschichte und zu kulturhistorischen Besonderheiten (z. B. die Steinkreuze) geben die Schrift „Wüstungen im Hainichgebiet“ (Botzum & Lämmerhirt 1995), das „Hainich-Geschichtsbuch“ (Rockstuhl & Störzner 2003) sowie die landeskundliche Bestandsaufnahme „Der Hainich“ (Grossmann et. al 2018). Eine eigene, sehr reichhaltige Geschichte weisen die drei größeren Städte im Umfeld des Nationalparks (Mühlhausen, Bad Langensalza und Eisenach) auf. Zu den bekanntesten Burgen Deutschlands zählt zweifellos die Wartburg mit ihrer rund 900-jährigen Geschichte. Nur wenige Kilometer vom Nationalpark entfernt ist sie die einzige Burg Deutschlands, die als Einzelobjekt UNESCO-Welterbe wurde (1999). Ihr Name ist untrennbar mit dem des großen Reformators Martin Luther verbunden.

Flurdenkmäler im Hainich: Grenzstein Herzogtum Sachsen-Weimar-Gotha, Sühnekreuz „Ihlefelder Kreuz", Grenzstein Stadt Bad Langensalza.
**Nächste Doppelseite:** Blick aus dem Nationalpark über den Jungwald zur Weltkulturerbestätte Wartburg.

## Nutzungsgeschichte des Hainichwaldes

Nieder- und mittelwaldartige Nutzungen sowie die Waldweide prägten allerorts das Waldbild im Mittelalter. Eine geregelte Nutzung fand nicht statt, das Holz wurde geschlagen, wo und wie man es gerade brauchte. Im ausgehenden Mittelalter nahm durch den steigenden Bedarf der wachsenden Bevölkerung auch der Nutzungsdruck auf den Wald zu und erste Anzeichen von Übernutzung traten auf.

Auch im Hainich gehörten ungeregelte Holznutzung sowie übermäßige Waldweide zur Normalität. Einige der ältesten Eichen sind Zeugen aus dieser Zeit, z. B. an der Thiemsburg. Tiefe Astansätze beweisen, dass sie frei stehend in parkartiger Waldweidelandschaft aufwuchsen. Bereits im 16. Jahrhundert wurden aufgrund von Missständen erste Regeln zum Umgang mit dem Wald erlassen. Im 18. Jahrhundert zielten verschiedene Holzordnungen darauf ab, zunehmend hochwüchsigen Wald anzustreben. Bezüglich der Waldweidenutzung wurden Beschränkungen festgelegt. Schafe und Rinder wurden erst 5–6 Jahre nach dem letzten Unterholzschnitt in die Schläge gelassen. Ziegen und anderem Vieh blieb der Wald verschlossen.

Im 19. Jahrhundert trat ein gravierender Wandel ein: Die Mittelwaldnutzung wurde mehr und mehr in den Hintergrund gedrängt. Neben der Nutzung als Brennholz gewann das Holz als Baumaterial immer größere Bedeutung. Die Besitzer änderten ihre Waldbewirtschaftung, um dem wachsenden Bedarf an einerseits hochwertigem, starken Holz, andererseits an Brennholz Rechnung zu tragen. Mit dieser Umstellung schufen sie ungleichartige, mehrstufige Hochwälder – die Laubplenterwälder mit Dominanz der Buche, eine Bewirtschaftungsform, die den Hainich besonders auszeichnet und ihm in Forstkreisen eine relative Bekanntheit einbrachte. Auf forstlichen Exkursionen wird dieser Spezialfall der Buchenwirtschaft auch heute noch gern demonstriert. Die gemeinschaftliche Waldbewirtschaftung durch die sogenannten Laubgenossenschaften, Zusammenschlüsse von Nutzungsberechtigten eines Dorfes, sind eine weitere Besonderheit im Hainich.

Mit der Übernahme der Waldflächen durch das Militär änderte sich im 20. Jahrhundert erneut die forstliche Nutzung. Während des Übungsbetriebes fiel die Nutzungsintensität sehr unterschiedlich aus. Große Gebiete, die heute das Herzstück des Nationalparks bilden, wurden forstlich kaum genutzt. Es konnten sich struktur-, arten- und totholzreiche Bestände entwickeln. Wo der Wald als Kugelfang diente, wurden durch den Schießbetrieb Bäume verletzt und zusätzlich Totholz vermehrt. Die ehemaligen Mittelwälder sind im Laufe der Jahrzehnte seit dem letzten Einschlag weitgehend durchgewachsen. Dort, wo auf den ehemaligen Mittelwaldflächen die Schießbahnen offen gelassen wurden, schritt aus überwiegendem Stockausschlag eine artenreiche Sukzession voran. Mittelwaldstrukturen sind im Nationalpark immer noch häufig anzutreffen. Die durchgewachsenen Mittelwälder kommen in unterschiedlichster Ausprägung vor. In der Übergangsphase sind die ehemaligen Mittelwälder struktur- und baumartenreich. Sie unterscheiden sich bei höherem Buchenanteil im Unter-, Zwischen- und Oberstand kaum von naturnahen Buchen-Mischbeständen.

Neben der Waldnutzung spielte im Hainich die Beweidung der Offenlandbereiche eine große Rolle. Schaftriften mit ausgedehnten Wacholderheiden bestimmten das Bild in den Randbereichen der Waldflächen. Deren Reste sind bis heute besonders in der Craulaer Flur erhalten geblieben. Während des militärischen Übungsbetriebes wurde eine intensive Beweidung durchgeführt, um den Bewuchs der Schießbahnen kurz zu halten.

Schafbeweidung prägte über viele Jahrzehnte den Hainich und diente zuletzt der Offenhaltung der Schießbahnen. Davon profitieren Arten wie der Goldene Scheckenfalter.

## Geschichte der militärischen Nutzung

Die Fläche des Nationalparks ist nahezu deckungsgleich mit den zwei ehemaligen militärischen Übungsplätzen Kindel und Weberstedt. Die militärische Nutzung des Südhainich, dem sogenannten Kindel, begann 1935/36, nach nicht gesicherten Quellenangaben erfolgten in diesem Bereich schon seit 1871 gelegentlich Übungen. Von der Wehrmacht wurde der Kindel zur Erprobung von Panzern genutzt. Die Fläche umfasste den Bereich zwischen der heutigen Bundesstraße B 84 und dem sogenannten Mittelweg, einer Wegeverbindung zwischen Berka und Hütscheroda. Nach 1945 wurde der Übungsplatz von der sowjetischen Armee übernommen und im Laufe der Zeit bis auf 2.540 ha (davon ca. 2.100 ha im Nationalpark) nach Süden und Norden erweitert. In den 1950er- und 1960er-Jahren fanden südlich des Mittelweges größere Rodungen statt. 1980/81 wurden weitere 600 Hektar Laubwald nördlich des Mittelweges eingeschlagen, um den Übungsplatz zu vergrößern und Luft-Boden-Raketen, von Hubschraubern abgefeuert, einsetzen zu können. In der Zeit der Nutzung durch die Rote Armee entstanden zahlreiche bauliche Anlagen, wie befestigte Straßen, Feuerleittürme, Bunker u. ä. Zum Bau der Anlagen wurden auf dem Übungsplatz die zwei Steinbrüche Langer Grund und Alter Busch angelegt. 1990 wurde der Übungsbetrieb komplett eingestellt.

Der ca. 5.000 ha große Truppenübungsplatz Weberstedt bestand insgesamt 30 Jahre lang. Im Mai 1964 wurde mit dem Ausbau von Panzerschießbahnen begonnen. 1965 fanden erste Schießübungen statt, die Kommandantur wurde 1968 eingeweiht. 1971 erfolgte eine räumliche Erweiterung im Bereich Steinberg. Bei Weberstedt wurden ab 1972 weitere Schießbahnen für Panzer angelegt. 1978 wurde bei Alterstedt eine Schießbahn für Schützenwaffen ausgebaut, 1980 südlich von Kammerforst ein Gefechtsschießplatz. Nach der Wende wurde der Platz von der Bundeswehr übernommen, die 1995 den militärischen Übungsbetrieb einstellte.

Die militärische Nutzung hinterließ Spuren: Gefahrenschild, Unterkünfte der Roten Armee, geborgene Blindgänger. Das s/w-Foto zeigt den Kahlschlag auf dem Kindel 1980/81.

## Historie der Nationalparkentstehung

Die Möglichkeit, im Hainich einen Nationalpark einzurichten, wurde erstmals 1993 von Mitarbeitern der Thüringer Landesanstalt für Umwelt geäußert. Insbesondere von Edgar Reisinger und Siegfried Klaus wurde die Idee eines Buchen-Nationalparks mitten in Deutschland mit Fachkenntnis und großem Engagement vorangetrieben. Dem voraus ging die gezielte Suche nach dafür geeigneten Flächen. Es begannen lebhafte und zum Teil kontroverse Diskussionen über die Schutzwürdigkeit des Gebietes, die Zukunft der Forstwirtschaft, Eigentumsfragen, mögliche Schutzgebietskategorien und Flächengrößen sowie Chancen und Risiken einer Nationalparkausweisung für die Region. Durch Veröffentlichungen in den Zeitschriften GEO und NATIONALPARK wurde das Thema „Nationalpark Hainich" plötzlich bundesweit in der Fachwelt bekannt. Für die Thüringer Naturschützer brachte das Sonderheft von „Landschaftspflege und Naturschutz Thüringen" 1995 „Der Hainich – ein Weltnaturerbe" eine erste größere Abhandlung. Hier war vom Hainich noch allgemein als mögliches „Großschutzgebiet" die Rede, da der Begriff „Nationalpark" vermieden werden musste.

Ranghoher Besuch im Zuge der Nationalparkausweisung: Bundesverteidigungsminister Volker Rühe, Bundesumweltministerin Angela Merkel, Thüringens Ministerpräsident Bernhard Vogel (Mai 1997).

Im Herbst 1995 legte das Thüringer Ministerium für Landwirtschaft, Naturschutz und Umwelt einen ersten Vorschlag für den künftigen Nationalpark Hainich vor. Basierend auf dieser Untersuchung beschloss die Thüringer Landesregierung am 1. Oktober 1996 das „Integrierte Schutzkonzept für den Hainich". Es sollte den Schutz des einmaligen Naturerbes im Hainich mit einer naturnahen Waldnutzung verbinden.

Drei wesentliche Punkte bestimmten den Inhalt des Schutzkonzepts:

- Die Errichtung eines Nationalparks auf 7.500 ha Fläche im Südhainich. Der Nationalpark soll die ehemaligen Truppenübungsplätze Weberstedt und Kindel umfassen und nutzungsfreie Kernzonen enthalten.
- Die Ausweisung von Naturwaldreservaten nach dem Thüringer Waldgesetz, um die Plenterwälder im Hainich als solche zu erhalten und die Fortführung der Plenterbewirtschaftung ausdrücklich zu sichern.
- Die Verwirklichung des Naturparks „Eichsfeld-Hainich-Werratal", um den Nationalpark und die Naturwaldreservate großräumig einzubetten.

Im Umfeld des Hainich wurde intensiv das Für und Wider dieses Konzepts diskutiert. Als Verbindungsstelle zwischen den verschiedenen Institutionen, den Bürgern der Region und der Verwaltung, wurde durch den Freistaat Thüringen im Sommer 1996 das „Informationszentrum Hainich" in Bad Langensalza eingerichtet, finanziell unterstützt durch die Europäische Union im Rahmen eines Life-Projektes. Im März 1997 fand in Bad Langensalza eine Anhörung der Kommunen und Verbände zum „Integrierten Schutzkonzept für den Hainich" statt. Die vielfältigen Ideen und Anregungen wurden in die weiteren Planungen einbezogen. Auf dieser Grundlage legte das Thüringer Ministerium für Landwirtschaft, Naturschutz und Umwelt einen Gesetzentwurf zum Nationalpark Hainich vor, den die Landesregierung im Sommer 1997 bestätigte. In den folgenden Monaten wurde der Gesetzentwurf im Thüringer Landtag behandelt und am 10. Dezember 1997 mit großer Mehrheit beschlossen. Das Gesetz trat am 31. Dezember 1997 in Kraft. Am 28. Februar 1998 fand in Kammerforst am Rand des Nationalparks ein Festakt zur Gründung des Nationalparks statt. Gleichzeitig wurde dort die erste Nationalparkinformationsstelle mit einer Ausstellung eröffnet. Wenige Tage später nahm die Verwaltung des Nationalparks, eine dem Thüringer Umweltministerium direkt nachgeordnete Einrichtung, in Bad Langensalza ihre Arbeit auf. Die Nationalparkverwaltung soll insbesondere Maßnahmen für die Pflege und Entwicklung koordinieren und durchführen sowie die Einhaltung der für den Nationalpark geltenden Schutzvorschriften überwachen und durchsetzen. Die Verwaltung gliedert sich in die drei Sachgebiete: Naturschutz und Forschung, Infrastruktur und Management sowie Information und Umweltbildung. Vor Ort sind speziell ausgebildete Waldarbeiter als Nationalparkwacht („Ranger") im Einsatz.

**Oben:** Exkursion im Rahmen der Fachtagung „Naturwald in Europa – Leitbild für den künftigen Nationalpark Hainich" 1997 in Bad Langensalza.
**Unten:** Die beiden Mitarbeiter der Thüringer Landesanstalt für Umwelt, Siegfried Klaus und Edgar Reisinger, Initiatoren und treibende Kräfte auf dem Weg zum Nationalpark, vor der Alten Eiche an der Thiemsburg.

## Nationalpark Hainich – Auf dem Weg zum „Urwald"

Urwälder sind nach der Definition noch nie vom Menschen genutzt worden. Solche Wälder gibt es in Deutschland schon lange nicht mehr. Warum hat dann der Slogan „Urwald mitten in Deutschland", mit dem der Nationalpark Hainich wirbt, doch seine Berechtigung?
Auch im Hainich hat der Mensch seine Spuren hinterlassen. Im Gegensatz zu vielen anderen Waldgebieten Mitteleuropas sind im Hainich die Waldbestände aber weitgehend naturnah geblieben. Den flächenmäßig größten Anteil im Nationalpark nehmen Laubwälder ein. Dabei ist die dominierende Baumart die Rotbuche. Sie tritt außer auf kleinflächigen Extremstandorten in allen Waldgesellschaften auf. Weitere Baumarten sind u. a. Eichen-, Linden- und Ahornarten, Esche, Hainbuche, seltener Bergulme, Elsbeere, Wildkirsche und weitere Laubbaumarten; insgesamt gibt es 27 hier natürlich vorkommende Laubbaumarten – eine selten erreichte Baumartenvielfalt. Naturferne Bestände nehmen nur geringe Anteile ein: So beträgt der Nadelholzanteil nur noch ca. 2,5 % der Gesamtfläche (außer der Eibe und der Kiefer würden im Hainich Nadelgehölze vollständig fehlen). Zum Vergleich: Der Waldanteil in Deutschland wurde durch den Menschen auf ein Drittel reduziert, beim verbliebenen Drittel dominieren heute die Nadelgehölze. Der Lebensraum Wald wurde in Deutschland ungemein stark verändert.
Der Hainich zeigt die für mitteleuropäische Kalkgebiete typischen Buchenwälder in einer Größe, Unzerschnittenheit und Ausprägung, wie sie an kaum einer anderen Stelle mehr zu finden sind. Da Buchenwälder auf Europa beschränkt sind, ist der Nationalpark Hainich weltweit einzigartig. Als einziger Nationalpark schützt er Kalk-Buchenwälder auf Muschelkalk in mittlerer Höhenlage, der Grund, weshalb der Hainich auf die UNESCO-Welterbeliste kam. Es sind Wälder, wie sie von Natur aus in Mitteleuropa ohne Einfluss des Menschen großflächig auftreten würden. Allein die Langlebigkeit der Bäume bedingt es, dass alle Entwicklungen im Walde lange Zeiträume benötigen. Nach Jahrhunderten wird man wohl den Wald im Nationalpark Hainich kaum von einem „echten Urwald" unterscheiden können. Der Begriff „Urwald von morgen" oder „Urwald für unsere Kinder" ist also vollauf berechtigt.

Die zerfallende Buche bringt Licht und üppiges Pflanzenleben auf den Waldboden.

Baumartenvielfalt und Strukturreichtum im Herzen des Nationalparks.

## Die Biodiversitätsstrategie der Bundesregierung – das Fünf-Prozent-Ziel im Wald

Die im November 2007 beschlossene und im Koalitionsvertrag vom November 2013 erneut bestätigte Biodiversitätsstrategie der Bundesregierung formulierte u. a. wichtige Ziele für die Entwicklung von Wildnisgebieten (2 % der Landesfläche). Eingeschlossen darin sind 5 % Waldfläche, die einer natürlichen Entwicklung ohne Holzentnahme überlassen werden sollen. Zum Thema Wald wird folgende Vision formuliert:
Die Wälder in Deutschland weisen eine hohe natürliche Vielfalt und Dynamik hinsichtlich ihrer Struktur und Artenzusammensetzung auf und faszinieren die Menschen durch ihre Schönheit. Natürliche und naturnahe Waldgesellschaften haben deutlich zugenommen.
Die nachhaltige Bewirtschaftung der Wälder erfolgt im Einklang mit ihren ökologischen und sozialen Funktionen.

Unsere Ziele sind:

- Bis zum Jahre 2020 haben sich die Bedingungen für die in Wäldern typischen Lebensgemeinschaften (Vielfalt in Struktur und Dynamik) weiter verbessert. Bäume und Sträucher der natürlichen Waldgesellschaft verjüngen sich ganz überwiegend natürlich. Mit naturnahen Bewirtschaftungsformen werden die natürlichen Prozesse zur Stärkung der ökologischen Funktionen genutzt. Alt- und Totholz sind in ausreichender Menge und Qualität vorhanden.
- Bei der Neubegründung von Wäldern werden vermehrt standortheimische Baumarten verwendet. Der Anteil nicht standortheimischer Baumarten reduziert sich kontinuierlich.
- Entwicklung einer Strategie von Bund und Ländern zur vorbildlichen Berücksichtigung der Biodiversitätsbelange für alle Wälder im Besitz der öffentlichen Hand bis 2010 und ihre Umsetzung bis 2020.
- 2020 beträgt der Flächenanteil der Wälder mit natürlicher Waldentwicklung 5 % der Waldfläche.

Vom letzten Ziel, dem bei der Entwicklung von Waldnationalparken wohl wichtigsten, waren wir 2020 mit einem Flächenanteil natürlicher Waldentwicklung von nur 3,1 % jedoch weit entfernt.

**Von oben nach unten:** Rückgebaute Forststraße, Besuchergruppe, Waldentwicklung ohne menschlichen Einfluss.

# Der Naturraum

## Ein Gebirge aus Muschelkalk

Der Hainich, ein rund 16.000 ha umfassender Höhenzug, liegt im Westen Thüringens. Er ist fast vollständig von Laubwäldern bedeckt. Er gilt, mit ca. 13.000 ha Wald, größtenteils von der Rotbuche beherrscht, als das größte zusammenhängende Laubwaldgebiet Deutschlands. Der Nationalpark nimmt nur den südlichen Teil der ca. 20 km langen und zwischen 4 und 8 km breiten, bewaldeten Hügelkette ein. Dieses Bergland bildet die südwestliche Flanke bewaldeter Höhen, die als Naturraum „Hainich – Dün – Hainleite" das innere Thüringer Becken im Westen, Nordwesten und Norden hufeisenförmig umranden und Höhen zwischen 300 und 500 m erreichen. In unmittelbarer Nachbarschaft befindet sich bei Ober- und Niederdorla der geografische Mittelpunkt Deutschlands. Diese zentrale Lage teilt der Hainich mit den Nationalparken Kellerwald und Harz, während fast alle anderen deutschen Nationalparke mehr oder weniger randlich an den Grenzen liegen. Die Besucher des Nationalparks Hainich können sich an den Wäldern und darin lebenden Pflanzen und Tieren erfreuen. Zum Verständnis des Naturraumes gehört aber auch das Wissen um das Klima, die Bodenformen und den Aufbau des geologischen Untergrunds, auf dem sich diese Hügelkette erhebt. Der Charakter eines Gebietes wird von dessen Standortfaktoren geprägt, die auch das Vorkommen von Pflanzen und Tieren bedingen. Wie stark diese Abhängigkeiten sind, zeigt der Wandel in den Vegetationsformen des Waldes, der auffällt, wenn man vom Westabhang des Hainich von der Werra nach Osten zum Thüringer Becken wandert. Während das Klima im Werratal verhältnismäßig mild und niederschlagsarm ist, steigt mit zunehmender Höhenlage die Jahresniederschlagsmenge von 600 auf 800 mm bei einer durchschnittlichen mittleren Jahrestemperatur von 7 bis 8 °C. Damit liegt der Hainich im Übergangsbereich zwischen dem atlantisch geprägten west- und dem kontinental beeinflussten osteuropäischen Klima. Vor allem an der Westflanke stauen sich die Luftmassen, während der Nordostabfall des Höhenzuges wieder wärmer und trockener ist. Die Zahl der Nebeltage pro Jahr schwankt im Mittel zwischen 30 und 40, die vorherrschende Windrichtung ist Südwest.

Die schmale Hügelkette erstreckt sich von Südosten nach Nordwesten und wird von einigen schildförmigen Erhebungen überragt, z. B. vom Rittergassenberg nordwestlich von Behringen mit 440 m, vom Alten Berg mit 494 m (höchste Erhebung des Hainich) und vom Hohen Rode bei Eigenrieden mit 489 m über dem Meeresspiegel. Über den gesamten Höhenzug verläuft der Höhenwanderweg Rennstieg, der Eigenrieden mit Behringen verbindet.

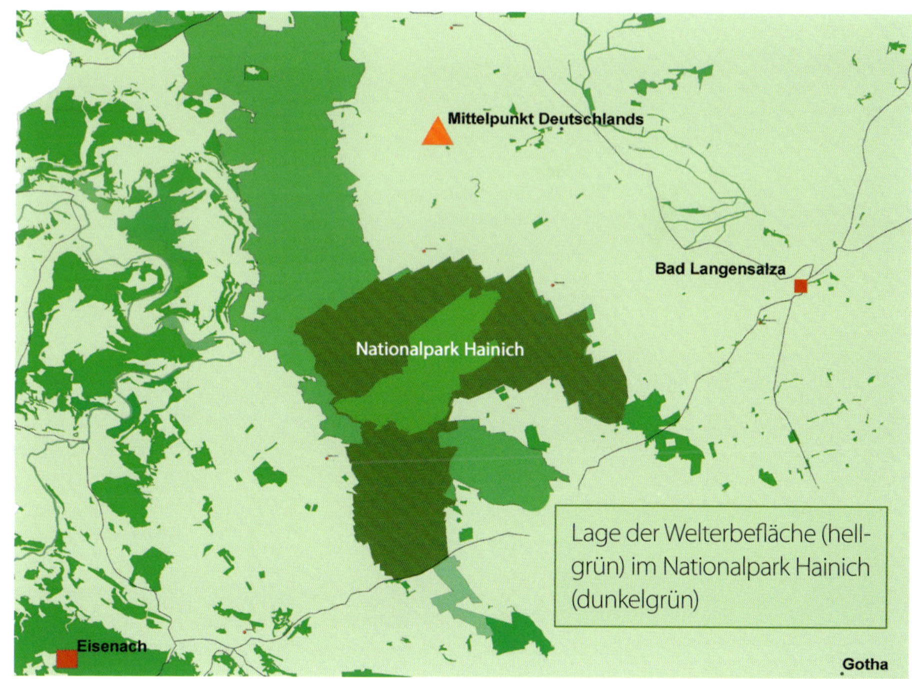


Lage der Welterbefläche (hellgrün) im Nationalpark Hainich (dunkelgrün)

In nordöstlicher und östlicher Richtung fällt der Höhenrücken zum Thüringer Becken hin bis auf ca. 200 m über dem Meeresspiegel ab. In diesen Abhang sind zahlreiche Tälchen eingesenkt. Teils sind es flache, in den meisten Fällen jedoch mäßig steilhängige Kerbtälchen. Eine Besonderheit sind hier zahlreiche Erdfälle und flache, zum Teil bzw. in Teilen des Jahres mit Wasser gefüllte Erdfallsenken. Sie gehen auf die Auslaugung sulfat- und steinsalzhaltiger Schichten im darunter lagernden Mittleren Muschelkalk zurück. Steiler und abwechslungsreicher ist der Südwestabfall des Hainich. Bedingt durch die Millionen Jahre wirkende Erosionskraft des Wassers haben die Werra und ihre rechten Nebenbäche den Höhenzug „angenagt". So entstanden tief eingeschnittene, steilhängig kurze Kerbtäler. Dazwischen liegen Kuppen und Bergriegel mit interessanten Felsbildungen.
Der Untergrund wird von der geologischen Schichtenfolge des Muschelkalks geprägt. Aus der Mühlhäuser Mulde des Thüringer Beckens auftauchend, steigen die Sedimentschichten steiler an als das Gelände, sodass zunächst ein 5 km breites Band des Oberen Muschelkalks ausstreicht. Dem folgen ein schmaleres Band des Mittleren Muschelkalkes und schließlich ein 1 bis 5 km breiter Streifen des Unteren Muschelkalks. Um den Alten Berg und den Otterbühl bedingt eine Aufwölbung der Muschelkalkschichten ein breites Ausstreichen des Wellenkalks, um den ein schmaler Kranz von Mittlerem Muschelkalk gelagert ist. Einige kleine Steinbrüche vermitteln wie „Fenster" Einblicke in diese Schichten, so z. B. bei Craula und Hütscheroda. Mit der Gründung des Nationalparks wurden zahlreiche Anträge auf die Erschließung von Muschelkalksteinbrüchen zu den Akten gelegt, die den Hainichwald ruiniert und sein touristisches Potenzial für alle Zeiten zerstört hätten.

**Oben:** Ehemaliger Steinbruch im Langen Tal – ein Fenster in den Muschelkalkuntergrund. Die Bäume müssen sich bei dünner Humusauflage förmlich in den Fels krallen.
**Linke Seite:** Winterlicher Blick über den Südteil des Nationalparks zum rund 25 km entfernten Hauptkamm des Thüringer Waldes; im Vordergrund der stark gegliederte Westabfall des Hainich im Bereich des Langen Tales.

## Ein Wald auf reichen Böden

Im Hainich sind die Verwitterungsprodukte des Oberen Muschelkalks am weitesten verbreitet. Hier treffen wir lehmige, wechselnd steinhaltige Tone von 0,6 bis 1 m Mächtigkeit an, unter denen tonreiche Kalkgesteine, Mergelkalke und Tonmergel liegen. Da noch heute Abtragungsvorgänge wirken, hat eine Entwicklung zu tiefgründigen Böden kaum stattgefunden. Nur in Senken, an Unterhängen, in Trockensohlen und am Ostrand des Gebietes treffen wir tiefgründige Böden an. Durch frühere Windverdriftung bildeten sich Lößdecken, in denen sich zum Teil reiche Böden entwickelt haben, wie z. B. im Bereich der Thiemsburg, deren Umfeld eine bodenkundliche Besonderheit des Hainich darstellt. Während in den meisten Gebieten Mitteleuropas der Mensch die Wälder auf die nährstoffärmsten Standorte, die für eine landwirtschaftliche Nutzung uninteressant waren, zurückdrängte, blieben im Hainich örtlich Laubwälder auf nährstoffreichen, tiefgründigen Löß- und Lehmböden erhalten. Der Nationalpark bietet dadurch die einzigartige Chance, Waldentwicklungsprozesse auf solchen Standorten wissenschaftlich beobachten zu können. Die Ergebnisse werden mit Sicherheit unsere Kenntnisse von Waldökosystemen bereichern.

Langjährige Forschungseinrichtung bei der Thiemsburg.

Optimale Wuchsbedingungen auf Lößböden für Laubbäume: mächtige Stämme von Rotbuche (rechts) und Bergahorn (links).

## Trockenbäche und Karstquellen

Der Höhenzug des Hainich stellt eine Wasserscheide dar. In südwestlicher Richtung wird das Gebiet in die Werra zur Weser hin entwässert, in nordöstlicher Richtung über die Unstrut in das Flusssystem der Saale und Elbe. Natürliche Fließgewässer treten entsprechend dem Karstcharakter des geologischen Untergrunds sehr selten auf. In der Regel handelt es sich um sommertrockene Entwässerungstäler, die lediglich nach der Schneeschmelze und starken Gewitterregen Wasser führen und sich dabei tief eingegraben haben. Wenn sie aber Wasser führen, bereichern sie die Waldlandschaft besonders in der Zeit, in der Frühlingsblüher in Vollblüte stehen, ungemein. Der wasserreichste Bachlauf ist der teils unterirdisch fließende Lauterbach. Auch dieser führt nicht ganzjährig Wasser. Der geologische Untergrund des Hainich bedingt, dass große Wassermengen, die nicht verdunsten oder kurzfristig oberflächlich abfließen, im Boden versickern und entsprechend der Neigung der Muschelkalkschichten erst am Rande des Thüringer Beckens an Klüften in Form starker Karstquellen wieder an die Oberfläche treten, wie z. B. im Melchiorbrunnen und im Kainspring bei Oberdorla sowie in der Oberen und Unteren Golke bei Bad Langensalza. Die bisher bekannten Karsthöhlen im Hainich harren noch der Erforschung.

Stehende Oberflächengewässer sind meist von geringer Größe. Bei den natürlichen Gewässern handelt es sich um flache, nach unten abgedichtete Erdfallsenken. Wenn Erdfälle ständig Wasser halten, so hat sich an diesen Stellen meist ein kleinflächiger Erlenbruchwald eingestellt. Das größte natürliche Standgewässer liegt unmittelbar an der Thiemsburg. Ein fast geschlossener Ring von Schilf umgibt das kleine Gewässer, ein ungewöhnlicher Anblick auf einem Muschelkalkrücken.

**Oben:** Brunnenhaus der Poppenröder Quelle im Nordhainich außerhalb des Nationalparks
**Links:** Bach im Brunstal
**Linke Seite:** Meist nur im zeitigen Frühjahr nach der Schneeschmelze wasserführend, sind die Bäche im Hainich ansonsten trocken.

In den Erdfallsenken bereichert Erlenbruchwald das Spektrum der Waldtypen.

# Die alten Wälder des Nationalparks Hainich

## Sommergrüne Laubwälder bestimmen unser Heimatbild

Natürliche, bunt gemischte Wälder, in denen Laubbäume überwiegen, prägen für viele Menschen das Waldbild. Solche gemischten Laubwälder – meist von der Rotbuche beherrscht – sind ein Teil unserer Identität, ohne dass wir uns dessen immer bewusst sind! Sommergrüne Laubwälder, die im Herbst ihre Blätter abwerfen, kommen nur auf der nördlichen Halbkugel etwa zwischen dem 30. und 60. Breitengrad vor, wenn man einmal von Chile und kleinen Teilen Neuseelands und Australiens absieht. Zu ihnen gehören die Buchen- und Eichenmischwälder des west- und mitteleuropäischen Raumes. Typische Baumgattungen und -arten dieser Wälder sind Ahorn, Birke, Erle, Hainbuche, Rotbuche, Eiche, Esche, Eberesche und die seltenen Sorbus-Arten Elsbeere, Mehlbeere und Speierling. Pappel, Weide, Linde, Ulme und lokal auch Wildobstarten runden die breite Palette ab. In südlicheren Breiten gesellen sich u.a. Esskastanie und Walnuss dazu. Gelegentlich sind auch Tanne und Eibe in tieferen Lagen in solchen Wäldern vertreten.

Zum sommergrünen Laubwaldgürtel der gemäßigten Klimazonen zählen weiterhin die sehr artenreichen Mischwälder Ostasiens, die Laubwälder der mittleren und höheren Lagen der Himalaya-Vorberge und die mannigfaltig zusammengesetzten, artenreichen Laubwälder im südöstlichen und östlichen Nordamerika. Ein sehr schmales Band von Laubwäldern, das in den Lehrbüchern meist nicht abgebildet ist, verbindet außerdem Europa mit Asien entlang der Gebirgsausläufer von Kaukasus und Tienschan im südlichen Russland und Kasachstan, Wälder, in denen auch Wildobstarten ihre Heimat haben.

Die Zone dieser sommergrünen Laubwälder auf der nördlichen Erdhalbkugel liegt nicht zufällig in einem

Ein Blick aus der Vogelperspektive: Alte Laubwälder überziehen die Hänge des Hainich.

Schwerpunkt der Entwicklungsgeschichte der Menschheit. Seit der letzten Eiszeit siedelten sich Menschen meist dort an, wo vorteilhafte Klimabedingungen und fruchtbare Böden gegeben waren. Zahlreiche Kulturen nutzten die Wälder für ihr Weidevieh, betrieben Landwirtschaft und bauten aus dem Holz der Wälder Schiffe, Siedlungen und Städte. Mit dem Aufkommen von Bergbau, Glasherstellung und Erzverhüttung wuchs sich die Holznutzung allerdings oft zum großflächigen Raubbau aus. In weiten Bereichen seines ursprünglichen Verbreitungsgebietes verschwand deshalb dieser Laubwaldtyp in Europa, Asien und Nordamerika völlig oder schrumpfte auf kärgliche Reste. An seiner Stelle finden wir heute Holzplantagen, von einer oder von wenigen Arten (meist Nadelbäume) beherrscht, ausgedehnte Siedlungsräume, baumlose Agrarsteppen oder wie im Mittelmeerraum degradierte Felslandschaften, die mit den Wäldern auch ihre Bodenkrume endgültig verloren haben.

Nach global forest watch und Winter et al. (2023) beträgt der jährliche globale Waldverlust 10 Millionen ha. Allein in

*„Weißt du, was ein Wald ist? Ist ein Wald nur zehntausend Klafter Holz? Oder ist er eine grüne Menschenfreude?“*
Berthold Brecht

Baumkronen des Laubwaldes im Wandel der Jahreszeiten: unbelaubt nach der Schneeschmelze, blühende Kirschen und Spitzahorn im Vorfrühling, voller Laubaustrieb im Frühsommer mit unterschiedlichen Grüntönen, "Indian Summer" im Herbst – hier zeigt sich die große Baumartenvielfalt des Hainich.

den Tropen gehen jährlich riesige Waldflächen unwiederbringlich verloren, auf der eine Wiederbewaldung nicht erfolgt. Auf Kahlschlagsflächen, auf denen die Chance einer Wiederbewaldung gegeben ist, werden aber zumindest die $CO_2$-Speicherkapazität und die waldtypische Artenvielfalt drastisch reduziert. Bereits an zweiter Stelle folgen die Wälder der nördlichen Halbkugel. In Mitteleuropa liegt die Periode der Waldrodung länger zurück.

Besonders die Wälder auf reicheren Böden wurden schon vor Jahrhunderten gerodet. Unzerstörte, natürliche Laubwälder sind daher äußerst rar geworden. Meist sind sie nur kleinflächig vorhanden, und viel zu selten stehen diese Reste unter Schutz. Ihrem Erhalt als ungenutzte Vergleichsräume kommt deshalb eine große Bedeutung zu. Der besondere Wert des Nationalparks Hainich liegt unter anderem auch darin, dass hier Wälder teilweise auf lößhaltigen Böden erhalten geblieben sind. Das ist ein seltener Fall in unseren Waldlandschaften.

Spätherbst im Hainich.

## Die Artenvielfalt der Laubwälder

Betrachtet man die natürliche Baumartenvielfalt unserer Laubwälder unter dem Blickwinkel ganzer Landschaften, so wird deutlich, dass die geografische Verteilung der Baumarten Temperatur- und Feuchtigkeitsunterschieden folgt. Unter bestimmten Bedingungen kann es vorkommen, dass auch in Urwäldern nur eine oder wenige Baumarten vorherrschen! Die Fjällbirkenwälder Skandinaviens oder die Lärchentaiga Nordostsibiriens liefern Beispiele für solche natürlichen Reinbestände von Baumarten. Auch die Rotbuche kann örtlich nahezu reine Bestände ausbilden, weil sie ihre Herrschaft in einem sehr weiten Bereich äußerer Bedingungen zu behaupten vermag. Bei der Erforschung der Artenvielfalt unserer Laubwälder wurde deutlich, dass ihr natürlicher Artenreichtum mit zunehmender wirtschaftlicher Nutzung abnahm, während neue Arten, meist Störungsanzeiger, in diese Wälder eindrangen. Ganz besonders betraf das die Vegetation am Waldboden und die dazugehörige Fauna über und unter der Erde. Gerade dieser bodennahe Artenreichtum ist, verglichen mit Nadelwäldern, ein besonderes Merkmal unserer sommergrünen Laubwälder. Er fällt auch dem Laien auf, besonders wenn im zeitigen Frühjahr vor dem Laubaustrieb der Bäume die Vielfalt der Frühblüher in prächtigen Farben und Formen zur Geltung kommt. Für den Schutz dieser „Biodiversität", der Artenvielfalt der rotbuchenreichen Laubwälder, tragen wir in Deutschland besondere Verantwortung.

Blütenpracht am Waldboden – das Weiß der Märzenbecher und das Violett des Hohlen Lerchensporns bestimmen das Bild im Frühling.

## Frühlingsblüher – Blütenwunder am Waldboden

Zu den schönsten Natureindrücken im Nationalpark Hainich zählen neben der Laubfärbung im Herbst die Bestände der Frühlingsblüher. Herausgelockt von den ersten warmen Sonnenstrahlen, oft schon Mitte März, wird der Waldboden für wenige Wochen zu einem bunten Teppich. Zu den bekanntesten Vertretern gehören Märzenbecher, Leberblümchen, Buschwindröschen, Lerchensporn, Scharbockskraut, Schlüsselblume und Bärlauch. Insgesamt sind es rund 50 Arten. Wenn die Laubbäume dann im Mai vollständig ausgetrieben haben, ist das farbenprächtige Schauspiel schon wieder vorbei.

Nur wenige Waldbodenpflanzen können sich im schattigen Laubwald entwickeln. Die Frühlingsblüher haben sich deshalb mit ihrem Lebenszyklus den Lichtverhältnissen angepasst. Angetrieben von unterirdisch in Zwiebeln, Knollen oder Sprossen gespeicherten Nährstoffen und der Kraft der Sonne nutzen sie die Zeit zwischen den ersten warmen Tagen im März und dem vollen Laubaustrieb im Mai. In dieser Zeit wachsen, blühen und fruchten sie, speichern Nährstoffe für das nächste Jahr und ziehen ein. Die Hälfte aller Bodenpflanzen des Buchenwaldes hat vor Beginn des Belaubungsprozesses bereits abgeblüht, bis zur vollen Belaubung sind es dann rund 80 %. So gelingt es diesen lichtliebenden Pflanzen, auch im schattigen Buchenwald Lebensraum zu finden.

Der Märzenbecher ist der erste, flächig auftretende Frühlingsblüher. Ebenfalls früh im Jahr ist das Leberblümchen zu finden. Im April erfreuen uns vor allem die Blütenteppiche von Buschwindröschen und Gelbem Windröschen, Hohlem Lerchensporn (an feuchten Standorten) sowie die Schlüsselblumen. Den krönenden Abschluss der Frühlingsblüher bildet der Bärlauch. Bereits Anfang April können seine Blätter den Waldboden grün färben. Anfang Mai, zur Blütezeit, sind Hunderte Hektar Waldboden weiß geblümt, ein Anblick, den es in dieser Großflächigkeit in Deutschland kaum ein zweites Mal gibt. Nach der Blüte entfaltet sich das Aroma des Bärlauchs besonders stark, und er wird im Hainich „unüberriechbar". Auch für ihn gilt im Nationalpark: anschauen ja, pflücken nein!

**Linke Seite von oben:** Dunkles Lungenkraut, Buschwindröschen, Hohe Schlüsselblume
**Rechte Seite links oben:** Waldgoldstern, **links unten:** Märzenbecher
**Mitte oben:** Gelbes Windröschen, **darunter:** Bärlauch
**rechts oben:** Frühlingsplatterbse, **rechts unten:** Hohler Lerchensporn

Hohe Schlüsselblume in einem Teppich von Buschwindröschen.

## Buchenwälder – bedroht und schön

Ohne den Einfluss des Menschen wäre die natürliche Vegetation unserer Heimat großräumig von Wäldern geprägt, in denen die Rotbuche eine beherrschende Rolle spielt. Eine Folge der Landnahme in geschichtlicher Zeit war die Umwandlung weiter Landstriche in Äcker und Weiden. In den verbliebenen Wäldern war die Buche neben der Eiche zunächst als Mastbaum für das Weidevieh geschätzt, später jedoch musste sie vielerorts großflächigen Nadelholzpflanzungen weichen, in denen Buchen nur noch hier und da eingesprengt sind. In einem Meer von Fichten und Kiefern nimmt im Frühjahr unser Auge das leuchtende Grün selbst einzelner Buchen dankbar wahr, und das Kupferrot ihres Herbstlaubes hebt sich wohltuend vom Dunkelgrün der Nadelforste ab. Nur wo die Ungunst des Bodens, die Vorliebe des Grundeigentümers oder die Weitsicht von Forstleuten eine solche Umwandlung verhinderten, blieben uns ansehnliche Bestände der „Nährmutter" des Waldes erhalten. Dort bilden die silbergrauen Säulen des Buchendomes eine himmelhoch ragende Kulisse für blühende Teppiche aus Märzenbechern, Leberblümchen, Primeln, Anemonen und die anderen Boten des Frühlings.

Aber auch Nebelstimmungen im Spätherbst und tagelanger Frost mit dickem Raureif im Winter hinterlassen bei naturverbundenen Besuchern unvergessliche Eindrücke vom Buchenwald. Aber nicht aus ästhetischen Gründen stellt die Europäische Union Buchenwaldlebensräume Europas unter besonderen Schutz und fordert die Ausweisung von eigenen Schutzgebieten für Buchenwaldgesellschaften: Es ist vor allem die Seltenheit und Bedrohung dieser Wälder in weiten Teilen des relativ kleinen Verbreitungsgebietes der Rotbuche.

**Rechte Seite:** Raureif verzaubert die Kronen der alten Buchen.
**Linke Seite:** Sonnenstrahlen durchdringen die Kronen der hoch aufragenden Buchen – Licht genug für das Pflanzenleben am Boden.

## Unser Wissen über Buchenurwälder ist lückenhaft

Die einzigen – meist kleinflächigen – Buchenurwaldreste, die Forstwissenschaftler bisher studierten, betreffen Wälder in unzugänglichen Berglagen Südosteuropas, der Ukraine, des Balkans, der Dinarischen Alpen und der Slowakischen Karpaten. In Mecklenburg-Vorpommern wurden die schon seit langer Zeit nicht mehr bewirtschafteten „Heiligen Hallen" zu einem Zielgebiet der Forscher. Allerdings sind sie mit nur 25 ha und einem Schutzring von 60 ha winzig klein. Die Gebirgs-Buchenwälder wurden von dem Schweizer Hans Leibundgut und dem Slowaken Stefan Korpel und ihren Mitarbeitern intensiv erforscht. Aus ihren Studien wissen wir, dass die ältesten Buchen 350 bis 450 Jahre alt werden können, in Gebirgen sogar noch älter. Auch die Holzmassen dieser Gebirgs-Buchenurwälder wurden abgeschätzt. Sie liegen in Einzelfällen mit 400 bis 700 m$^3$ pro Hektar weit über dem Durchschnitt von Wirtschaftswäldern und erreichen in seltenen Fällen sogar den Spitzenwert von 1.000 m$^3$. Übereinstimmend fanden die Forscher heraus, dass die Verjüngung in diesen Urwaldresten meist kleinflächig erfolgt. Dabei ist das Alter der Baumbestände benachbarter „Mosaiksteine" trotz ihrer anscheinenden Gleichförmigkeit sehr unterschiedlich. Die Kleinflächigkeit der „Mosaiksteine" beweist, dass Buchenurwälder der Gebirge nicht zu großflächigen Zusammenbrüchen neigen, wie es z. B. in Urwäldern aus Nadelbäumen der Fall sein kann. Diese Befunde stehen in guter Übereinstimmung zu dem von Hermann Remmert beschriebenen Mosaikzyklus-Konzept. Von Buchenurwäldern des Tief- oder Hügellandes wissen wir darüber nichts, weil es sie in ausreichender Größe nicht mehr gibt.

Buche und Esche eng umschlungen – ein Bild, das man kaum in einem Wirtschaftswald finden wird.

## Nach der Buche kommen Ahorn und Esche – Remmerts Mosaikzyklus-Konzept

Diese Theorie hat das Denken im Naturschutz revolutioniert. Ein Blick auf die rechte Grafik erleichtert das Verständnis: Ein in Österreich untersuchter Buchenurwald besteht nicht aus einem Durcheinander von Bäumen verschiedenen Alters, sondern aus einem Mosaik von in sich gleichförmigen Teilflächen. Die Bäume einer einzelnen Teilfläche sind relativ gleich alt und gehören oft derselben Baumart an. Die Bestände benachbarter „Mosaiksteine" können sich davon nach Alter und Artenzusammensetzung unterscheiden. Die mittlere Größe von 1–2 ha für einen „Mosaikstein" scheint für Laubwälder unserer Breiten typisch zu sein. Im tropischen Urwald sind sie kleiner. Im borealen Nadelwald, in dem Brände als wichtigste Störereignisse wirken, sind die „Mosaiksteine" oft viele hundert Hektar groß. Mit dem Einsetzen der Waldverjüngung auf Freiflächen geht oft ein Baumartenwechsel einher: So kann man im Hainich beobachten, dass eine Lücke im Buchenaltholz von einem reinen Eschen- oder Bergahornjungwuchs ausgefüllt wird. Im Laufe eines Jahrhunderts brechen diese Baumarten z. T. durch Schnee, Wind oder Insektenbefall zusammen. Meist wachsen schon vorher in ihrem Schutz die Arten des ursprünglichen Waldbestandes allmählich wieder auf.

Die Waldsukzession vollzieht sich somit nicht linear in einer Richtung. Vielmehr stellt sie einen Zyklus dar, der sich im Buchenwald nach 300–400 Jahren wieder schließt. Remmerts Verdienst besteht u. a. auch darin, dass er das Mosaikzyklus-Konzept auf andere Ökosysteme erweiterte und daraus richtungsweisende Empfehlungen für den klassischen Naturschutz gab, der gar zu oft statischen Vorstellungen des Bewahrenwollens anhängt. Naturschutz gegen die Natur war die Folge des ständigen Eingreifens. Remmert schaffte so die theoretische Grundlage für das, was wir heute Prozessschutz nennen. Hans Bibelriether fasste dieses Ziel 1991 in dem griffigen Satz „Natur Natur sein lassen" zusammen.

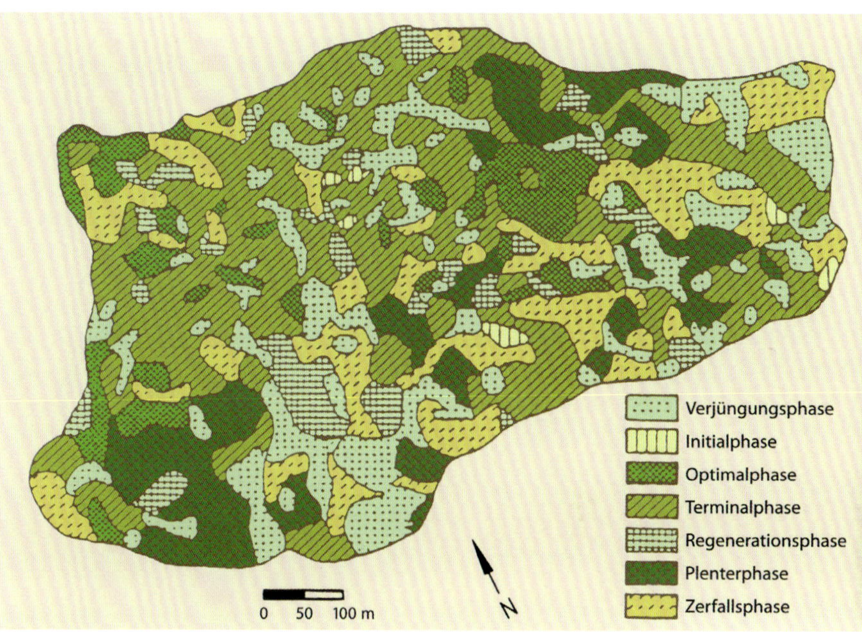


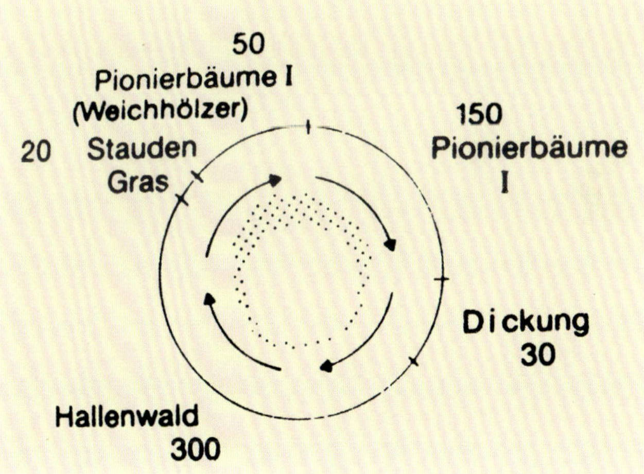


Zyklus eines Buchenwaldes – die Zahlen geben die Jahre nach Zusammenbruch des Altwaldes an; **oben:** „Mosaikstruktur" eines Buchenurwaldes in Österreich (nach Remmert 1994, verändert).

Für die Forschung im Nationalpark Hainich standen schon zu Beginn wichtige Fragen zur Klärung an: Zum Beispiel, ob ein von Holznutzung befreiter Naturwald das klimarelevante Gas Kohlendioxid stärker zu binden vermag als ein naturschonend bewirtschafteter Plenterwald. In Zukunft werden Ökosystemleistungen des Waldes wie Wasserspeicherung, Bewahrung der Artenvielfalt, Luftfilterung und Bindung der das Klima verändernden Gase möglicherweise größere Bedeutung für den Menschen haben als der reine Holzertrag.

In zunehmendem Maße wird auch der Schutz des Waldinnenklimas in Wäldern, die nicht durch Transportwege und Rückegassen vielfach zerschnitten sind, für viele sensible Arten wie Flechten, Pilze und Moose, aber auch für Bodenorganismen größte Bedeutung erlangen. Nur in großen Naturwäldern ohne ständige Einflussnahme durch den wirtschaftenden Menschen sind optimale Anpassungs- und Evolutionsprozesse bei wärmer werdendem Klima zu erwarten. Darüberhinaus ist auch die sprichwörtliche Stille des Waldes ein selten gewordenes, schützenswertes Gut. Wo erleben wir heute noch Wald ohne den Lärm von Motorsägen, von schweren Holzerntemaschinen und der Holzabfuhr durch große Transporter? Tierarten, die auf Lärm sensibel reagieren, z. B. Raufußhühner und andere Bodenbrüter, werden künftig nur noch in großen Waldschutzgebieten eine Überlebenschance haben.

**Links:** Forschungsturm des Max-Planck-Instituts für Biogeochemie Jena in urwaldartigen Beständen des Nationalparks
**Rechte Seite:** Forschungsaktivitäten: Entnahme von Bodenproben, Zuwachsmessung, Pilzerfassung

## Tote Bäume gehören zum Wald

Ein Teil der sonntäglichen Waldspaziergänger bevorzugt den „aufgeräumten, ordentlichen, überschaubaren" Wald. Wo in Deutschland sollten sie auch ihre Vorstellungen von Wald um die Dimension „Wildnis" erweitern können? Dass allein Begriffe wie „Urwald" oder „Wildnis" bei uns immer noch einen negativen Beiklang haben, hat wohl uralte, historische Wurzeln. Dunkle Waldwildnis erschwert die Orientierung, ängstigt und bedrückt die einen, und die „Verschwendung" des Rohstoffs Holz durch Liegen- und Verrotten-lassen ärgert die anderen, die der Meinung nachhängen, im Walde dürfe nichts „umkommen".
Totholz in mannigfachsten Formen und Zerfallsstadien ist das auffälligste Urwaldmerkmal. Totholzmenge und -vielfalt im Urwald stehen in auffälligem Kontrast zum „ordnungsgemäß gepflegten Nutzwald".
Sogar im noch vergleichsweise jungen Nationalpark Hainich begegnen uns tote Bäume häufiger als anderswo. Aufgeklärte Besucher werden sich an den bizarr geformten toten Riesen, an den prachtvollen Zunderschwämmen und an den dick bemoosten liegenden Stämmen erfreuen. In Nationalparken bilden diese Wissenden in der Regel die Mehrheit. Sie suchen Eindrücke von Wildnis, wenn sie sich für einen Nationalparkbesuch entscheiden. Welch einzigartige Fotomotive Totholz bietet, beweisen die Fotodokumente in diesem Buch wohl besser als viele Worte. Nach wie vor gibt es aber Menschen, die für Waldwildnis keine Sympathie empfinden. Für sie ist dieses Kapitel geschrieben, um mehr Verständnis für das komplizierte Ökosystem Wald zu erreichen, in dessen Kreisläufen totes Holz eine ungeheuer wichtige Rolle spielt.

Totholz lockt immer wieder begeisterte Fotografen an.

Am Rand der häufig begangenen Wanderwege wird die Nationalparkverwaltung tote Bäume aus Sicherheitsgründen umziehen, abseits der Wege gehören aber sterbende und tote Baumgestalten einfach zum Naturgeschehen: Werden und Vergehen liegen dicht beieinander. Zum umsichtigen, waldgerechten Verhalten gehört es, bei stärkerem Wind oder gar Sturm die totholzreichen Waldteile zu meiden, besser aber die Waldwanderung für diesen Tag zu beenden. Da der moderne Mensch manchmal die naheliegenden Gefahren im Wald – auch Gewitter – zu wenig beachtet, wird die Nationalparkverwaltung eher aufklärend wirken müssen, als jeden morschen Ast absägen zu lassen, was ohnehin nicht möglich ist. Waldtypische Gefahren muss jeder Waldbesucher selbst erkennen und beachten. Sie können laut eines BGH-Urteils von 2012 nicht auf den Waldbesitzer oder andere Verantwortliche abgewälzt werden. Uns geht es hier aber weniger um den – äußerst geringen – Gefahrenaspekt des Totholzes, sondern vielmehr um seine enorme Bedeutung im Waldökosystem.

Totholz in allen Formen und Zerfallsstadien ist das herausragende Naturwald-Merkmal.

*„Es gibt hierzulande keinen Urwald mehr, das heißt, keinen Wald, in dem die Bäume alt werden bis sie stürzen und vermodernd den Boden bereiten für einen Nachwuchs, der in natürlicher Verjüngung entstand, gepflanzt von Wind und Vögeln."*

Horst Stern 1979

## „Totholz" ist nur scheinbar tot

Es gibt im Wald nichts Lebendigeres als totes Holz, wenn man die vielen Arten betrachtet, die totes Holz bevölkern. Während im gesunden Stamm eines Baumes in aller Regel nur wenige Organismen zu leben vermögen – vielleicht ein Buntspecht, der in einer Höhle seine Jungen aufzieht –, wächst die Zahl der im absterbenden und mehr noch im gestürzten, verrottenden Baumstamm lebenden Organismen nach Artenzahl und nach Individuenmenge ungeheuer an.

**Rechts:** Moose und Pilze bedecken den modernden Stamm.
**Unten:** Der Bunte Kugelspringer zählt zu den Springschwänzen.

## Pilze

Pilze sind äußerst bemerkenswerte Lebensformen. Ihre Farben- und Formenvielfalt ist faszinierend. Die höheren Pilze bilden neben Pflanzen und Tieren ein eigenes Organismen-Reich. Sie kommen von den Tropen und Wüsten bis fast in die polnahen Regionen und Hochgebirge vor. Manche sind hoch spezialisiert und leben nur in ganz bestimmten Biotopen. Im Kreislauf der Natur spielen Pilze im Wald durch ihre holzabbauende Tätigkeit eine zentrale Rolle. Durch Veränderung ihrer Lebensräume werden viele Pilzarten immer seltener. Das betrifft insbesondere Arten, die auf urwaldartige Strukturen angewiesen sind. Deshalb kommt dem Schutz großer natürlicher Waldgesellschaften auch eine enorme Bedeutung bei der Erhaltung der Pilzflora zu.

Die urwaldartigen Waldbestände im Hainich bieten für eine große Zahl von Pilzarten hervorragende Lebensbedingungen, u.a. für Pilze, die in enger Symbiose mit Waldbäumen leben (Mykorrhizapilze) sowie bodenbewohnende, streuzersetzende Pilze. Eine besondere Bedeutung besitzt der Nationalpark gerade für die Erhaltung von holzbewohnenden Pilzen. Sehr selten sind dabei solche Pilzarten geworden, welche auf starkes Totholz angewiesen sind, ein Lebensraum, der im Hainich aufgrund der eingestellten Holznutzung immer bedeutender werden wird. Gegenwärtig sind in Thüringen etwa 3.500 Großpilzarten bekannt, von denen im Hainich bisher rund 1.600 Arten nachgewiesen sind. Etwa 250 Arten davon stehen in den Roten Listen von Deutschland oder Thüringen und gelten damit als gefährdet oder gar vom Aussterben bedroht. Einige Arten kommen deutschland- oder thüringenweit nur hier vor. Unter den Raritäten befinden sich z.B. Ästiger Buchenstachelbart, Südbuchen-Kammpilz, Geschichteter Sägeblättling, Blauer Klumpfuß und Isabellrötlicher Schneckling. Damit ergibt sich für den Hainich eine hohe Verantwortung im Pilzschutz.

**Linke Seite:** Hochthronender Schüppling. **Mitte:** Gesäter Tintling
**Rechte Seite oben:** Ästiger Stachelbart, auch Buchenstachelbart genannt, eine Charakterart alter Wälder, **unten:** Gallertfleischiger Fältling

## Für Käfer ein Eldorado

Käfer sind eine der artenreichsten Tiergruppen unseres Planeten. Mehr als 350.000 Arten sind weltweit bekannt. In Deutschland gibt es etwa 6.500 Käferarten, davon 4.970 in Thüringen. Der Nationalpark Hainich ist bezüglich der Käferfauna eines der am besten untersuchten Gebiete. 2.144 Arten aus 99 Familien, fast ein Drittel aller Käferarten Deutschlands (!), kommen hier vor. Eine besondere Rolle spielen in einem Waldnationalpark die Holzkäfer. Der Hainich ist dabei mit insgesamt 522 Holzkäfern eines der artenreichsten Gebiete Thüringens. Holzbewohnende (= xylobionte) Käferarten halten sich den größten Teil ihres Lebens am oder im Holz auf, an gesundem oder krankem Holz in all seinen Zerfallsstadien. Manche leben hier nur als Larven, andere als erwachsene Tiere (= Imago), einige verbringen sogar ihr ganzes Leben mit dem Holz. Käferarten besiedeln bzw. nutzen neben dem Holz vor allem Rinde, Holzmulm, Holzpilze, Bohrlöcher und Gänge anderer Holzinsekten, ausfließenden Baumsaft und Nester höhlenbewohnender Wirbeltierarten.

Im Wald sind die Holzkäfer eine der wichtigsten ökologischen Gruppen. Sie sind von großer Bedeutung bei der Zerkleinerung und beim Abbau von Holz und damit wichtig für die Kreisläufe im Ökosystem Wald. Als Refugium einer reichhaltigen Holzkäferfauna ist der Hainich überregional von Bedeutung. Besonders wertvoll sind die vielen seltenen und hochgradig gefährdeten Arten: 372 hier vorkommende Käferarten stehen auf der Roten Liste Thüringens. 26 Arten wurden hier neu für Thüringen gefunden, 40 Arten waren Wiederfunde, die seit mindestens 50 Jahren in Thüringen nicht mehr nachgewiesen waren. Aktuell findet man hier allein 22 Käferarten, die in Thüringen nur im Hainich vorkommen, sowie sechs sogenannte „Urwald-Reliktarten", die eine enge Bindung an urwüchsige Wälder, insbesondere an alte Bäume, besitzen. Sie haben im „Urwald mitten in Deutschland" glänzende Zukunftsaussichten.

**Linke Seite von oben:** Gemeiner Widderbock, Gelbbindiger Schwarzkäfer, Balkenschröter
**Rechte Seite links oben:** Schwarzfleckiger Zangenbock
**links unten:** Schluchtwald-Laufkäfer
**rechts oben:** Gemeiner Bienenkäfer
**rechts unten:** Dunkler Zierbock

Bereits im stehenden, zum Teil noch lebenden Stamm beginnen Pilze und Bakterien ihre abbauende Tätigkeit. Insekten siedeln sich an, darunter viele der hoch bedrohten holzbewohnenden Käferarten. Spechte schaffen auf der Suche nach Nahrung oder beim Brutstättenbau Höhlen und Löcher, entrinden schließlich die Stämme und beschleunigen ihren Sturz, indem besonders der Schwarzspecht an der meist zuerst morsch werdenden Stammbasis riesige Löcher schlägt. Der liegende Totholzstamm dient dann einem Heer von Zersetzern, wie man diese Kleinlebewesen nennt, als Nahrung und vielen weiteren Arten als Versteck, Kinderstube und Keimbett.

In Urwäldern ist totes Holz ein wesentlicher, für die Stoffkreisläufe notwendiger und meist auch in großen Mengen vorhandener Bestandteil des Waldökosystems. Daher konnten sich viele Pflanzen- und Tierarten auf Totholz unterschiedlichster Zerfallsstadien spezialisieren. In Wirtschaftswäldern hingegen wird das Holz genutzt, meist lange bevor die Bäume altersbedingt absterben. Zufällig anfallendes totes Holz, z.B. nach Stürmen oder Schneebruch, wird meist rasch aus dem Wald entfernt. Viele Totholzspezialisten, vor allem unter den Wirbellosen, sind daher im Wirtschaftswald sehr selten geworden, vom Aussterben bedroht oder bereits verschwunden. Die Roten Listen bedrohter Tier- und Pflanzenarten legen ein deutliches Zeugnis davon ab. Zum Beispiel kann sich keine Hirschkäferlarve ohne tote Eichen entwickeln!

Angeregt durch die Forschung an totholzbewohnenden Käfern und den Nachweis der ungeheuren Zahl von Arten, die an den Lebensraum Totholz gebunden sind, kam die Diskussion um totes Holz im Wirtschaftswald erst zu Beginn der 1980er-Jahre in Gang. Seitdem wird der Ruf des Naturschutzes nach großflächigen Naturwaldreservaten, in denen Bäume ihr physisches Höchstalter erreichen, absterben und zerfallen dürfen, und nach mehr Totholz im Wirtschaftswald immer lauter geäußert.

Totholz ist nicht nur ein besonders augenfälliges Merkmal von Naturwäldern, es ist auch ein ganz wesentliches Strukturelement. Die Bedeutung toter und morscher Stämme für die Höhlenbrüter unter den Vögeln ist uns noch am ehesten geläufig. Aber auch die Wurzelteller gestürzter Bäume bieten Vieles, was im aufgeräumten Forst fehlt, z.B. Sandbadeplätze und Magensteinchen für Raufußhühner, Verstecke für viele Wirbeltiere, aber auch für Wirbellose. Vertreter nicht weniger Säugetierarten verbergen sich in Baumhöhlen oder ziehen dort Junge auf. Je nach Stärke der Bäume und Größe der Höhlen reicht das Spektrum von Wildkatze und Marder über den eingewanderten Waschbären bis hin zu Fledermäusen und Bilchen wie Siebenschläfer und Haselmaus. All diese Arten kommen im Nationalpark Hainich nur deshalb in größerer Dichte vor, weil es eben an diesem nötigen Substrat nicht mangelt. Darüber hinaus ist Totholz Lebensraum vieler holzbewohnender Bakterien, Pilze und niederer Tiere. Das Studium der Fülle dieser Arten und ihrer ökologischen Funktionen ist im Hainich ein aktuelles Ziel der Nationalparkforschung.

Durch ein Heer von holzfressenden wirbellosen Tieren, den „Zerkleinerern", wird die Holzmasse zerstückelt und ihre Oberfläche so vergrößert, dass Mikroorganismen den Abbau organischer Substanzen rascher bewerkstelligen können. Die im Holz gebundenen komplexen Verbindungen wie Zellulose und Lignin werden wieder in ihre Ausgangsstoffe zerlegt – Fachleute sagen „mineralisiert". Erst dann können die dem Boden zurückgegebenen wasserlöslichen Mineralien wieder durch die Pflanzen aufgenommen werden. Fallen einzelne Glieder der Zersetzerkette aus, kann das ungeahnte Folgen haben: Die Geschwindigkeit der Abbauprozesse wird gebremst, sodass sich Holz-, Nadel- und Laubmassen am Waldboden anhäufen und die Bodenfruchtbarkeit sinkt. Daraufhin verzögern sich Keimung und Wachstum der neuen Baumgeneration oder bleiben ganz aus. Der Marburger Ökologe Hermann Remmert hat in seinem Büchlein „Naturschutz" schon 1988 diese Zusammenhänge in leicht verständlicher Form eindrücklich erläutert und ebenso die enorme Bedeutung ungenutzter Wälder als Lernflächen für die Forstwissenschaft betont.

**Rechte Seite:** Die Fruchtkörper des Zunderschwamms zieren eine Altbuche.

## Auch Vögel nutzen tote Bäume

Vogelkundler waren wohl unter den Ersten, die den Mangel an toten, höhlenreichen Bäumen in unseren Wirtschaftsforsten bemerkten und mit Nistgeräten aller Formen und Größen einen Ersatz zu schaffen versuchten. Stellvertretend für diese frühen Bemühungen des Höhlenbrüterschutzes sei Hans Freiherr von Berlepsch erwähnt, dessen Seebacher Wasserburg als erste Staatliche Vogelschutzwarte Deutschlands ganz in der Nähe des Hainichwaldes steht. Heute fungiert sie wieder als Staatliche Vogelschutzwarte Thüringens, eine Außenstelle der Thüringer Landesanstalt für Umwelt und Geologie Jena. Der Besuch der historischen Wasserburg mit Vogelschutzpark, modern konzipierten Ausstellungsräumen, wertvollen Sammlungen und einer Auffang- und Pflegestation für verletzte Vögel lässt sich leicht mit Wanderungen im Nationalparkgebiet verbinden (siehe auch Fachtafel S. 130).

Inzwischen wissen wir, dass tote Bäume mehr sind als lediglich Höhlenlieferanten: Sie bieten über die geschützten Brutplätze für Höhlenbrüter hinaus viele weitere Strukturen, z. B. Sitz- und Singwarten, Unterlagen und Baumaterial für Horste der Großvögel, Laufstege und Verstecke für am Boden agierende Vögel. Als Brut- und Lebensstätten einer ungezählten Heerschar wirbelloser Organismen liefern sie vor allem zahlreichen Vögeln Nahrung.

Nach Untersuchungen im Lautenbacher Wald in Bayern deckte sich besonders das Vorkommen von Schwarz- und Grauspecht mit totholzreichen Waldteilen. Aber auch Kuckuck, Grauschnäpper, Hohltaube und Weidenmeise zeigten dort eine sehr starke Bindung an totes Holz. Diese Artenliste könnte in anderen Untersuchungsgebieten wesentlich bunter aussehen. So wären z. B. im Bayerischen Wald u. a. Weißrückenspecht, Dreizehenspecht, Zwergschnäpper, Habichts-, Sperlings- und Raufußkauz den Arten mit stärkerer Totholzbindung zuzuordnen. Die Zahl der Vogelbeobachtungen nahm in Gruppen toter Bäume mit der Anzahl toter Stämme zu. Für Vögel ist es daher wichtig, dass Totholz in größerer Dicke vorkommt, lange Sterbephasen durchmacht, dabei möglichst lange stehen bleibt und nur im Kronen- oder oberen Stammbereich bricht. In alten hallenartigen Wäldern sind das Sterben und der Zusammenbruch einzelner Bäume auch in ihrer die Waldstruktur verändernden Funktion zu sehen: Eine Baumsturzlücke wirkt wie ein Fenster, durch das Licht und Wärme ins Dunkel des Altbestands dringt, wodurch die Artenvielfalt der Insekten als Nahrung für Vögel wesentlich erhöht wird.

Für Großvögel wie Störche, Reiher, Kormorane, Adler und andere waldbewohnende Greife bieten Dürrbäume, Dürrwipfel oder einzelne abgestorbene Äste beliebte Landeplätze und Sitzwarten. So ist in den Nationalparken Mecklenburg-Vorpommerns der Anblick eines Seeadlers, der seine Warte auf einer toten Eiche am Ufer oder auf dürren Ästen wählt, ein fast alltäglicher Anblick. Tote Bäume oder Wipfel werden wegen ihrer günstigen Anflugmöglichkeit von einigen Arten nicht selten zur Horstanlage benutzt. Eine besondere Beziehung zu totholzreichen Wäldern scheint der Schwarzstorch zu besitzen: Am Boden liegendes, verrottendes totes Holz liefert ihm nicht nur Baustoffe, sondern es bereichert auch das Nahrungsangebot an Mollusken, Großinsekten, Amphibien und Insektenlarven.

**Rechte Seite:** Gartenbaumläufer am toten Stamm.

## Vögel der Laubwälder in unserer Verantwortung

Der Brandenburger Ornithologe Martin Flade hat es auf den Punkt gebracht: Wir Deutschen schützen oft die falschen Vögel – solche, die groß und attraktiv sind und meist bei uns am äußersten Rande ihres Verbreitungsgebietes leben. Arten, für die wir in Deutschland eine besondere Verantwortung tragen, eben weil sich der Schwerpunkt ihrer Verbreitung in Mitteleuropa befindet, liegen oft abseits des Interesses. Entsprechend des Auftrags der Umweltkonferenz von Rio 1992 sollte aber jeder Staat vorrangig die Arten schützen, die auf seinem Gebiet einen Großteil ihres weltweiten oder kontinentalen Bestandes haben und für deren Fortbestand er daher Verantwortung trägt!

Für Deutschland folgt daraus, dass wir für den Schutz von typischen Laubwaldvögeln verantwortlich sind: z.B. für Sumpf-, Blau- und Kohlmeise, für Mittel-, Grau- und Grünspecht. Auch Gartenbaumläufer, Kleiber, Schreiadler, Waldkauz, Berglaubsänger, Halsbandschnäpper, Kernbeißer, Amsel, Singdrossel und Hohltaube zählen dazu. Fast alle diese Arten finden wir im Hainich als Brutvögel wieder! Hinzu kommen Arten wie der Rotmilan, der seinen Horst meistens auf Laubbäumen anlegt.

Für diese Vögel sind unsere von Rotbuchen beherrschten Laubwälder die deutschen „Urwälder" schlechthin. Auf lediglich 6 % ihrer einstigen Verbreitung zurückgedrängt, werden diese Wälder von Zersplitterung in Kleinflächen und intensiver Forstwirtschaft bedroht. Natürlich, d.h. ohne menschliche Eingriffe, kann sich nur noch der klägliche Rest von weniger als 2 % der heutigen Gesamtwaldfläche entwickeln! Der Hainich ist daher ein wichtiger Baustein, um diesen Mangel zu mildern.

**Links:** Kleiber. **Oben:** Sumpfmeise. **Mitte:** Kernbeißer
**Unten:** Waldbaumläufer

## Ergebnisse der Waldinventuren: Der Wald hat sich weiterentwickelt

*„Urwaldreste sind nicht nur für Förster Orte, an denen man sich das verlorene Naturmaß zurückholen kann."*
Horst Stern 1979

Waldnationalparke bieten wertvolle, unverzichtbare Vergleichsflächen für die Erforschung von Waldökosystemen. Im Hainich gelang es bereits kurz nach der Nationalparkausweisung, den Ausgangszustand der Waldentwicklung mit den in der Forstwirtschaft üblichen Methoden der Waldinventur zu dokumentieren. Ergänzt wird die Inventur durch eine Fotodokumentation an festen Standorten, die einer der Mitautoren (T. S.) seit Jahren im Auftrag der Nationalparkverwaltung jährlich durchführt. Mit den Daten des ersten Erhebungsjahres kann die weitere Entwicklung verglichen werden.

In den Jahren 1999–2001 wurde im Hainich auf der Basis eines Gitternetzes von 200 × 200 m Kantenlänge die erste dieser Waldinventuren realisiert. Da der letzte Einschlag im Laubwald 1998 statt fand, kann mit dieser Erstaufnahme die natürliche Umwandlung eines Wirtschaftswaldes in einen Naturwald dokumentiert werden. Seit der ersten Inventur durften sich die ca. 5.000 ha Laubwald im Nationalpark ungestört entwickeln.

Im Zuge der Fortschreibung und Aktualisierung der Waldbiotopkartierung in den Jahren 2008–2010 wurde insbesondere eine Zunahme der Waldfläche um ca. 260 ha in den vergangenen zehn Jahren durch das Fortlaufen natürlicher Entwicklungsprozesse (Waldsukzession) festgestellt. Darüber hinaus konnten auch Änderungen bei den Flächenanteilen der vorkommenden Waldbiotoptypen bzw. der Waldgesellschaften beobachtet werden, die u. a. durch Entwicklungsmaßnahmen im Nationalpark (z. B. die Entnahme von Nadelbaumbeständen) ausgelöst wurden. Zum Teil sind diese aber auch durch

Die mächtige Buche mit 145 cm Brusthöhendurchmesser hat ihr Lebensende erreicht.

Änderungen der Methodik wegen der landesweiten Umstellung des Kartierungsverfahrens sowie durch die Korrektur von Fehlern im ersten Kartierdurchgang bedingt. Als ein interessantes „Nebenprodukt" entstand eine aktuelle Karte der potenziellen natürlichen Vegetation des Nationalparks. Sie bildete die Grundlage für die Naturnähe-Bewertung der Waldbestockung. Danach wurden ca. 60 % der Waldfläche als naturnah, 34 % als mäßig naturfern und 5 % als naturfern eingestuft; 1 % der Waldfläche – meist waldfreie Blößen – wurden nicht eingestuft.

Bei der Beurteilung der „Naturnähe" spielt der Vergleich mit der „potenziellen natürlichen Vegetation" die entscheidende Rolle. In der Kategorie „naturfern" enthalten sind kleinflächige Nadelholzbestände, die durch Borkenkäfereinwirkung z. T. bereits abgestorben sind, sodass sich die betrachtete Fläche zugunsten der naturnahen Waldbestände erhöht hat. Nach fachlich überholter Definition wurden die noch jungen Pionierwälder und auch Eschen-Jungwüchse auf den ehemaligen Kahlflächen des „Kindel" als „mäßig naturfern" eingestuft. Da die natürliche Wiederbewaldung ihrer eigenen, naturgegebenen Dynamik folgt, sollte sie keinesfalls als „naturfern" klassifiziert

| Hauptholzart | Lebender Holzvorrat (ab 7cm Brusthöhendurchmesser) [m³/ha] | Totholzvorrat (ab 7cm Brusthöhendurchmesser) [m³/ha] |
|---|---|---|
| **Genutzte Wälder** | | |
| Buchen-Plenterwald im Nordhainich | 408 | 6 |
| Buchenwälder in Thüringen | 355 | – |
| Wald (allg.) in Thüringen | 307 | 18 |
| Wald (allg.) in Deutschland | 317 | 12 |
| **Aus der Nutzung genommene Wälder** | | |
| Weberstedter Holz, NLP Hainich (ehemalige Mittel- und Plenterwälder, seit ca. 50 Jahren nutzungsfrei) | 507 | 27 |
| Dachsberg – Schnepfenhardt, NLP Hainich (ehemaliger Altersklassenwald, seit ca. 15 Jahren nutzungsfrei) | 534 | 15 |
| Welterbefläche im NLP Hainich (unterschiedliche Ausgangsbestockung, seit ca. 15 bis 50 Jahren nutzungsfrei) | 511 | 23 |
| Welterbefläche Serrahn im NLP Müritz (unterschiedliche Ausgangsbestockung, seit mehr als 50 Jahren nutzungsfrei) | 605 | 94 |
| **Urwälder** | | |
| Vihorlat, Slowakei | 470–500 | 63–66 |
| Uholka, Ukraine | 770 | 111 |
| Rajca, Albanien | 807 | 86 |

Durchschnittliche Holzvorräte in Buchenwäldern unterschiedlicher Nutzung (div. Quellen, Stand 2014).

werden. Folglich wäre der Anteil naturnaher Waldbestände noch viel höher als angegeben.
Inventuren geben auch Auskunft über die Vorräte an lebendem und totem Holz und erlauben Vergleiche zu Werten aus anderen Schutzgebieten, Urwaldreservaten oder zu Wirtschaftswäldern. Durch den hohen Anteil an jungen Wäldern auf dem Kindel geben die Durchschnittswerte für den gesamten Nationalpark kein wirklich reales Bild. In drei Teilgebieten mit vorwiegend alten Waldbeständen liegen die Vorräte bei 507 Vfm/ha (Vorratsfestmeter je Hektar) im Weberstedter Holz, 511 Vfm/ha in der Welterbefläche und 534 Vfm/ha im Gebiet Dachsberg/Schnepfenhardt. Somit liegen die Holzvorräte deutlich über dem der meisten Wirtschaftswälder. Eine Vorratszunahme von 90 m³/ha in zehn Jahren (9 m³/ha/Jahr) beweist die beachtliche Wüchsigkeit des Laubwaldes auf den Böden im Hainich. In den seit 1965 nicht mehr genutzten Altwaldbeständen ergaben sich für viele Stichprobepunkte Holzvorräte zwischen 450 und 600 m³/ha, in manchen sogar über 600 m³/ha!
Auch beim Totholzvorrat sind die Mittelwerte der Aufnahmen von 2010 wenig aussagekräftig (16,4 m³/ha, davon 6,3 m³/ha stehendes Totholz). Besonders im Craulaer und Weberstedter Holz gibt es Stichprobenpunkte, an denen Totholzvorräte von 30 bis 200 m³/ha ermittelt wurden!

## Vergleiche mit anderen Naturwäldern

Bewirtschaftete Buchenplenterwälder außerhalb des Nationalparks im Norden des Hainich und im Dün, einem Muschelkalkzug am Rand des Thüringer Beckens, haben im Mittel einen Holzvorrat von 400 m³/ha. Für den noch jungen hessischen Nationalpark Kellerwald-Edersee konnten 2008 nur 330 m³/ha ermittelt werden. Für eine Teilfläche im Serrahner Teil des Müritz-Nationalparks wurden ein Bestandsvorrat von 605 m³/ha und ein Totholzvorrat von 94 m³/ha ermittelt. In den Heiligen Hallen, bei denen sich die Kernfläche von nur 25 ha bereits in der Zerfallsphase befindet, liegen die Werte für den Holzvorrat bei 570 m³/ha, eingeschlossen ist ein Totholzanteil von 220 m³/ha. Es lohnt sich auch ein Vergleich mit Buchenurwäldern Osteuropas, wo Werte für den Holzvorrat zwischen 450 und 800 m³/ha mit Totholzanteilen zwischen 30 und 300 m³/ha beschrieben wurden.

Sicher bedarf es noch einiger Jahrzehnte, bis im Hainich Werte wie in den echten Buchenurwäldern erreicht werden. Für Naturwälder ist das immer noch ein relativ kurzer Zeitraum. Diese Aussage gilt allerdings nur für die zentralen Bereiche des Nationalparks, wo jetzt schon 500 oder mehr Vorratsfestmeter je Hektar ermittelt wurden. Für die jungen Waldbestände und erst recht für die noch unbewaldeteten Flächen, die allein rund 30 % der Gesamtfläche ausmachen, muss dagegen von Entwicklungszeiträumen von mehreren hundert Jahren ausgegangen werden, bevor sich ein Urwald mit dicken Bäumen entwickelt hat.

Bei der Wiederholungsaufnahme in den vegetationskundlichen Dauerbeobachtungsflächen wurden ebenfalls nur relativ geringe Veränderungen festgestellt. Durch die Zunahme des Holzvorrates werden die Waldbestände insgesamt geschlossener, damit schattiger und nährstoffreicher. Artenzahlen in der Bodenvegetation insgesamt haben sich nur wenig verändert, allerdings haben licht- und feuchtigkeitsliebende Vertreter der Offenlandarten abgenommen. Gemäß der Forschungskonzeption für den Nationalpark Hainich erfolgte 2020 die zweite Wiederholung der Waldbiotopkartierung, der Waldinventur und der Aufnahme der vegetationskundlichen Dauerbeobachtungsflächen. Alle Waldflächen waren bei diesen Erheb ungen schon mehr als 20 Jahre, Teilbereiche sogar mehr als 50 Jahre frei von Holznutzung und die Erhebungen werden zeigen, wie weit der Nationalpark Hainich auf dem Weg zu urwaldartigen Beständen vorangekommen ist.

Der Stumpf der alten Buche bietet Lebensraum für viele Höhlennutzer, der zerfallende Stamm ist Keimbett für die neue Baumgeneration.

## Waldgesellschaften und Pflanzenleben am Boden

Die von der Rotbuche beherrschten Wälder über Kalkgestein werden als „Kalkbuchenwälder" bezeichnet. Sie bilden keine einheitlichen Waldgesellschaften aus, sondern zerfallen in zwei Haupttypen: Auf frischen bis mäßig trockenen Standorten gedeihen gutwüchsige, hochstämmige Kalkbuchenwälder. Auf trockeneren Standorten hingegen wachsen weniger ertrag-, dafür aber baumartenreichere, wärmeliebende Kalkbuchenmischwälder, deren Bodenflora sich von der frischer Buchenwälder so stark unterscheidet, dass beide Typen von den Vegetationskundlern als eigene Waldgesellschaften betrachtet werden. Von beiden gibt es wiederum zahlreiche Untergruppen, die wir später vorstellen wollen.

Eine Besonderheit der Kalkbuchenwälder auf frischen Standorten ist ihr hallenartiger, ungestufter Aufbau mit eingesprengten Edellaubbäumen wie Berg-, Spitz- und Feldahorn, Esche, Ulme, im Hainich selten Eibe, in Gebirgswäldern auch Tanne. In ihrem Inneren kann man weit sehen, da wegen des Lichtmangels unter dem schattigen, dicht geschlossenen Kronendach keine Strauchschicht gedeiht. Erst wenn sich das dichte Kronendach lichtet – im Naturwald durch Zusammenbruch sterbender Baumriesen, im Wirtschaftswald infolge der Nutzung durch den Menschen –, vermag die neue Baumgeneration, die in der Bodenvegetation kümmernd ausgeharrt hat, rasch emporzuwachsen. Unter der immer dichter werdenden Baumverjüngung gedeihen dann kaum noch Bodenpflanzen. Erst später können diese aus den lichteren Nachbarbeständen wieder einwandern. Die Samen werden häufig durch Ameisen transportiert. Sie können aber auch jahrzehntelang im Boden überdauern.

Da der Laubfall ein einschneidendes Ereignis in sommergrünen Wäldern ist, zeigt auch die Bodenflora der Buchenwälder einen auffälligen Wechsel im Gang der Jahreszeiten. Botaniker nennen die einzelnen Phasen Aspekte. Der Frühjahrsaspekt wird häufig von sogenannten Geophyten, z. B. Märzenbecher, Anemonen, Lerchensporn und Leberblümchen, beherrscht, die bei voller Belaubung der Bäume wieder verschwinden. Später bestimmt der Bärlauch auf weiten Strecken das Bild am Waldboden. Aus unterirdischen Zwiebeln, Wurzelstöcken und Knollen beziehen sie ihre erste Kraft, um Blüten, Triebe und Blätter ausbilden zu können. So können sie die optimalen Lichtverhältnisse zum Aufbau neuer Reservestoffe im noch unbelaubten Wald ausnutzen, um dann Sommer, Herbst und Winter in der Erde zu überdauern. Der Sommeraspekt des Buchenwaldes ist arm an augenfälligen Blüten, doch treten dann die Gräser stärker hervor, die erst im Verlauf des Spätsommers ihre Früchte ausbilden. Da sie als Schattenpflanzen auch bei schwachem Licht gedeihen, bleiben sie bis zum Spätherbst grün. Alle Arten des Sommeraspekts können die relativ kurzen sommerlichen Trockenperioden ertragen.

| Waldgesellschaft | Fläche [ha] | Anteil an der NLP-Fläche [%] |
|---|---|---|
| Waldgersten-Buchenwald | 4.857,3 | 64,5 |
| Waldgersten-Buchenwald mit Übergang zum Orchideen-Buchenwald | 626,9 | 8,3 |
| Orchideen-Buchenwald | 4,7 | 0,1 |
| Waldmeister-Buchenwald | 1.746,2 | 23,3 |
| Winterlinden-Buchenmischwald | 86,4 | 1,1 |
| Flattergras-Buchenwald / Waldmeister-Buchenwald | 42,6 | 0,6 |
| Hainmieren-Erlenwald | 97,5 | 1,3 |
| Walzenseggen-Erlenbruchwald | 42,7 | 0,6 |
| Eschen-Erlen(sumpf)wald | 4,7 | 0,1 |
| Eschen-Bergahorn-Hang- und Schluchtwald | 4,0 | 0,1 |
| Gesamt | 7.513,0 | 100,0 |

Waldgesellschaften im Hainich (potenzielle Verteilung)

Gras- und kräuterreiche Kalkbuchenwälder sind für den Hainich typisch, der im ökologischen Verbreitungsoptimum der Rotbuche liegt. Unter dem Kronendach der Baumschicht lebt eine artenreiche Bodenflora, die seit Langem die Botaniker in ihren Bann gezogen hat und die Ursache dafür ist, dass Kalkbuchenwälder besser untersucht wurden als andere Waldtypen. In der Krautschicht befinden sich nur mehrjährige Pflanzen, die mit Hilfe der in Wurzelstöcken, Knollen und Zwiebeln gespeicherten Reservestoffe des Vorjahres im Frühling besonders rasch austreiben können. Dabei bilden sich oft erst die Blüten und erst danach der Großteil der Blätter, mit denen sie auch nach der Samenreife assimilieren, um die Speicherorgane für das kommende Jahr erneut zu füllen und neue Knospen anzulegen. Einige von ihnen sind wintergrün, wie z. B. das Leberblümchen oder die Haselwurz.

Der botanisch und waldkundlich interessierte Besucher des Nationalparks wird vor allem von den beeindruckenden Waldbildern begeistert sein, die sich durch eine bemerkenswerte Natürlichkeit in ihrer Artenzusammensetzung und Bestandsstruktur auszeichnen. Wer floristische Besonderheiten sucht, sollte aber auch über die Nationalparkgrenzen hinaus wandern und die Randbereiche des Höhenzuges wie etwa die Craulaer Heide oder das Werratal in seine Exkursionen einbeziehen.

Nährstoffreiche, im Frühjahr gut durchfeuchtete Böden fördern große Bestände des Bärlauch.

Wenn man den Hainich von Ost, also vom Thüringer Becken beginnend, nach West durchquert, so kann man auffällige Änderungen der Bodenflora von den östlichen, an das trockenwarme Thüringer Becken angrenzenden Randbereichen zu den durch höhere Niederschläge geprägten mittleren und westlichen Teilen des Muschelkalkhöhenzuges studieren. Allgemein herrschen mitteleuropäische Arten mit subatlantischer Verbreitung vor. Buchenwälder spielen auf fast allen Standorten die dominierende Rolle. Nur in den östlichen Randbereichen, z. B. im Bad Langensalzaer Stadtwald in der Nähe der Thiemsburg, konnte sich die Traubeneiche, gefördert auch durch historische Waldnutzungsformen wie Waldweide, behaupten. Mittelwaldwirtschaft und Waldweide drängten die Buche zurück und förderten artenreiche Waldbilder, die heute u. a. durch Eichen, Hainbuchen, Linden, Ahorn-Arten, Wildkirschen und Elsbeeren in beachtlichen Dimensionen beeindrucken. So finden sich an der Thiemsburg die mit ca. 800 Jahren ältesten und dicksten Eichen des Nationalparks! Auch zahlreiche licht- und wärmeliebende Arten, z. B. Orchideen, sind Überbleibsel aus der Zeit der Waldweidewirtschaft.

Die prächtigen Turbanblüten der Türkenbundlilie öffnen sich im Juni. **Rechte Seite von oben nach unten:** Einzelblüte der Braunroten Stendelwurz, Gewöhnliche Akelei, Blasses Knabenkraut

Auf unserem Weg von den tiefer liegenden Randbereichen zu den höchsten Teilen des Höhenzuges beobachten wir vereinzelt bereits ab 300 m, häufiger aber dann ab etwa 400 m über dem Meeresspiegel Gewächse, die in Thüringen ihr Hauptvorkommen in den Mittelgebirgen besitzen. Hierzu zählen z. B. die Zwiebelzahnwurz mit ihren weißen bis zartrosa Blüten und den markanten bräunlich-violetten Brutzwiebeln in den Blattachseln und die Quirlweißwurz. Vereinzelt trifft man auch den Roten Holunder, die Weiße Pestwurz und das Berg-Rispengras.

Über die Flächenanteile der verschiedenen Waldgesellschaften wissen wir durch die 1999–2001 begonnenen und 2008–2010 wiederholten Waldbiotopkartierungsarbeiten und Waldinventuren gut Bescheid.

Die vorherrschende Waldgesellschaft des Hainich ist der Waldgersten-Buchenwald, den man als Leitgesellschaft des Höhenzuges ansehen kann und der frische, nährstoff- und basenreiche Böden besiedelt. Er nimmt potenziell rund 4.860 ha (64 %) der Nationalparkfläche ein. Dieser krautreiche Kalkbuchenwald auf frischen Böden ist für die Muschelkalkhügelländer kennzeichnend. Er kommt aber nirgendwo in Mitteldeutschland in solch großen zusammenhängenden Beständen vor wie im Hainich. Vornehmlich die flachen Höhenrücken und die weniger steil geneigten Hangpartien werden von ihm besiedelt. Die Baumschicht der Waldbestände wird von der Rotbuche beherrscht, der mit unterschiedlichen Anteilen vor allem Edellaubhölzer wie Esche und Bergahorn, seltener auch Spitzahorn, Feldahorn und Bergulme beigesellt sind. Doch wissen wir nichts über ihre Anteile unter natürlichen Bedingungen, d. h. in den vom Menschen unbeeinflussten Urwäldern. Im Gegensatz zu den bodensauren Buchenwäldern spielt die Eiche in diesen Wäldern keine Rolle. Die Strauchschicht ist wegen der dicht schließenden Baumkronen meist nur spärlich entwickelt. Neben dem Jungwuchs der Baumarten gedeihen hier der geschützte Seidelbast, die Rote Heckenkirsche und zwei Weißdorn-Arten. Die Krautschicht ist dagegen besonders in den älteren Beständen üppig entfaltet. Neben der namengebenden Waldgerste sind Haselwurz, Einblütiges Perlgras, Goldnessel und Waldbingelkraut verbreitet, wobei die letztgenannte Art besonders an kühl-schattigen Unterhangpartien vorherrscht und auch als Waldbingelkraut-Buchenwald bezeichnet wird. Der Frühling beschert hier dem Naturfreund Blütenwunder aus Märzenbecher, Hohlem Lerchensporn, Buschwindröschen, Gelbem Buschwindröschen, Leberblümchen, Frühlingsplatterbse, Waldveilchen und vielen anderen Arten, denen später im Jahr z. B. die stattliche Türkenbundlilie, die geschützte Akelei und die Nesselblättrige Glockenblume folgen. Bereits ab März blüht die Grüne Nieswurz in den Buchenwäldern des Hainich, die trotz ihrer grasgrünen Blüten die Aufmerksamkeit des Beobachters auf sich zieht. Das giftige Hahnenfußgewächs wurde früher als bäuerliches Tierheilmittel genutzt. Im Mai dominieren auf großer Fläche die weißen Blüten und der unverkennbare Geruch des Bärlauchs.

Unsere Kenntnisse über die Verbreitung von Moosen, Flechten und Pilzen in den Wäldern des Nationalparks waren zu Beginn der Nationalparkausweisung noch sehr spärlich, wenn auch ihr Reichtum selbst dem Unkundigen in den totholzreichen Altholzbeständen des Weberstedter, Schönstedter und Mülverstedter Holzes ins Auge fiel. Inzwischen sind diese Wissenslücken weitgehend geschlossen worden und es gibt lange Artenlisten. Die umfangreichste Liste gibt es für die Pilze mit 1.620 Arten (!), die zahlreiche Neufunde und Raritäten enthält (Fachtafel S. 70). An Gefäßpflanzen wurden über 800 Arten gefunden, an Moosen 220 Arten und an Flechten 134 verschiedene Arten. Dabei sind immer noch neue Funde zu erwarten. Unterschiede in den Bodenverhältnissen und im Kleinklima der verschiedenen Standorte bedingen eine feine Untergliederung des Waldgersten-Buchenwaldes. Die bereits genannten Arten mit Verbreitungsschwerpunkt im Bergland charakterisieren die Höhenform dieses Waldtyps, die gelegentlich auch als eigene Gesellschaft (Zwiebelzahnwurz-Buchenwald) betrachtet wird.
An stärker geneigten, flachgründigen Hangpartien, insbesondere am steileren Westrand des Hainich, geht der Waldgersten-Buchenwald in den Orchideen-Kalk-Buchenwald über. Letzterer wurde bei der Erstkartierung zunächst mit einer Fläche von 520 ha angegeben. Die Wiederholung ergab, wegen der Änderung der Kartierungsmethodik, nur noch eine Fläche von 5 ha und damit einen verschwindend geringen Anteil. Der Übergangsbereich zwischen den benachbarten Waldgesellschaften umfasst immerhin 630 ha (8,3 %). In diesem im Nationalpark meist nur kleinflächig entwickelten Kalkbuchentrockenwald tritt das zierliche Maiglöckchen häufiger auf. Bezeichnend sind weiterhin wärme- und lichtliebende Orchideen wie Weißes und Rotes Waldvögelein, Nestwurz und verschiedene Sitter-Arten. So kann man fast alle Sitter-Arten Deutschlands im bzw. am Nationalpark Hainich beobachten. Auch Berg- und Fingersegge sind für diese Waldgesellschaft typisch.

Bezeichnend für den Hainich sind auch die zahlreichen Trockentäler, die nur wenige Tage im Jahr Wasser führen. Frühjahrsblüher bilden an Unterhängen und auf ihren Sohlen dichte Matten aus den roten oder weißen Blüten des Hohlen Lerchensporns, den gelben Farbtönen von Scharbockskraut, Wald-Goldstern, Gelbem Buschwindröschen und Hoher Schlüsselblume. Stellenweise bildet der weiß blühende Bärlauch im Mai dichte, grüne Teppiche. Sie verschwinden aber rasch, nachdem das Laubdach geschlossen ist. Auch der geschützte Märzenbecher besitzt mehrere beachtlich große Vorkommen. Kleinflächig wird an derartigen Standorten die Buche in der Baumschicht von Esche, Bergahorn und Bergulme weitgehend abgelöst, und es vollzieht sich ein Vegetationswandel zum Eschen-Ahorn-Schlucht- und Schatthangwald, der nur sehr kleinflächig mit 4 ha (0,1 %) kartiert wurde. Auwälder aus Erle oder Erle mit Esche nehmen rund 16 ha ein.

In den auf etwas stärkeren Lößdecken wachsenden Waldmeister-Buchenwäldern fehlen meist die charakteristischen Kalk-Zeigerpflanzen. Sie weisen ebenfalls je nach Standort feine Unterschiede auf. Häufig dominiert in ihrer Krautschicht neben dem namengebenden Waldmeister das Einblütige Perlgras. An oberflächlich versauerten Partien treten gelegentlich Säurezeiger auf, wie das Atlantische Erdbeer-Fingerkraut, das Schattenblümchen, die Behaarte und die Schmalblättrige Hainsimse sowie die normalerweise auf Kalk fehlende Heidelbeere. An Standorten mit hoher Luftfeuchtigkeit können verschiedene Farnarten größere Bestände bilden.

Verlässt man die mehr feuchtigkeitsliebenden Buchenwaldgesellschaften im Westen des Nationalparks und wendet sich den östlichen und südöstlichen Randbereichen, angrenzend an das Becken zu, so erreicht man zunächst buchenreiche Eichen-Hainbuchenwälder, die im noch trockeneren Ostteil des Schutzgebietes in den gemäßigt kontinentalen, winterlindenreichen Eichen-Hainbuchenwald übergehen. Bei der Ersterfassung wurden den Sternmieren-Eichen-Hainbuchenwald (40 ha) und Labkraut-Eichen-Hainbuchenwald (277 ha) kartiert. Bei der Folgekartierung 2008 wurden beide Typen infolge des hohen Buchenanteils dem Waldmeister-Buchenwald zugeordnet. Licht- und wärmeliebende Arten wie z. B. die Bergsegge, der Verschiedenblättrige Schwingel, die Ebensträußige Margerite und der Hainwachtelweizen nehmen deutlich zu. Auch durch die wachsende Mächtigkeit der Lößauflage wird die Zusammensetzung der Vegetation beeinflusst. Im Grundbestand aus Eichen erreichen Winterlinde, Vogelkirsche, Feldahorn und Elsbeere zunehmende Anteile. In der Bodenflora finden wir vor allem Waldlabkraut, Echte Sternmiere, Erdbeer-Fingerkraut, Waldreitgras und örtlich auch Kleines Immergrün. Auf schweren Böden herrscht die Stieleiche vor, für die Bodenflora sind Wechselfeuchtezeiger wie Rasenschmiele, Hohe Schlüsselblume, Waldsegge und Fuchssches Knabenkraut bezeichnend.

Erlenwaldgesellschaften (Hainmieren-Erlenwald, Walzenseggen-Erlenbruchwald, Eschen-Erlensumpfwald), die vorwiegend im Bereich feuchter Senken und Erdfalltrichter stocken, haben eine Fläche von nur 145 ha (2 %). Trotz ihres geringen Anteils bereichern sie die Wälder des Nationalparks außerordentlich und erhöhen die Artenvielfalt, auch die der Tierwelt, erheblich.

Naturferne Forsten nehmen im Hainich erfreulicherweise nur einen auffallend geringen Anteil ein, wobei vor allem Fichten, Kiefern (vor allem randlich auf ehemaligen Triften), Lärchen und Pappeln gepflanzt wurden. Entsprechend der Nationalparkzielstellungen sollen diese standortfremden Arten verschwinden, um auf den frei werdenden Flächen Raum für eine natürliche Wiederbewaldung durch typische Laubwaldarten zu bekommen. Vor allem die Fichten sind bereits teilweise dem Borkenkäfer zum Opfer gefallen. Dieser Prozess wird auch ohne forstliche Eingriffe fortschreiten.

Große Märzenbecherbestände säumen die Bachläufe im Frühling.

## Die Tierwelt der alten Buchenwälder

### Säugetiere

Einige Säugetierarten sind in historischer Zeit aus dem Hainich und seinem Umfeld verschwunden. An den Biber, der wahrscheinlich in ganz Thüringen schon im Mittelalter ausgerottet wurde, erinnert noch der Biberbach bei Friedrichswerth. Inzwischen ist aber seine Rückkehr an den Hainichrand erfreuliche Realität geworden: Mit der natürlichen Wiederbesiedlung der Werra vom Oberlauf aus hat er bereits den Raum um Creuzburg erreicht und bei Mihla den unmittelbaren Rand des Hainich. Auch für den in den 1950er-Jahren ausgestorbenen Fischotter gelangen neuere Nachweise im Hainichumfeld an der Werra und der Unstrut (Schmalz, pers. Mitt., 2023).

Die großen Pflanzenfresser unter den Säugetieren wie Elch und Wisent wurden schon vor Jahrhunderten ausgerottet, später folgten Wolf und Luchs als verfemte Raubtiere. Von der letzten Luchserlegung im Mühlhäuser Stadtwald kündet

noch ein Ölgemälde im nahe gelegenen Rathaus von Mühlhausen. Die Rückkehr der beiden letztgenannten, inzwischen auch durch europäisches Recht streng geschützten Arten ist in den letzten Jahren Realität geworden. Im Juni 2014 gab es den ersten sicheren Nachweis des Luchses im Nationalpark, 2018 gelang sogar ein Fotofallenbild. Und auch der Wolf wurde zwischenzeitlich im Hainich gesichtet. Thüringen hat sich mit einem „Wolf-Managementplan" darauf vorbereitet. Die geringe Größe des Hainich genügt jedoch den Raumansprüchen dieser Arten keineswegs. Eine dauerhafte Besiedlung durch Luchs und Wolf könnte nur in einem viel größeren Landschaftsverbund erfolgen, der den Großraum um das gesamte Thüringer Becken, den Thüringer Wald und angrenzende Bundesländer mit einschließt. Die Chancen, im Hainich heimische Wildarten oder kleinere Säuger zu sehen, sind nicht gerade sehr groß. Durch Bejagung sind alle sehr scheu und zumeist nachtaktiv geworden. Der sogenannte „Nationalparkeffekt", der das Vertrautwerden vieler Tierarten infolge der Jagdruhe beinhaltet, kann in dem kleinen Nationalpark kaum erwartet werden, noch dazu, wo lediglich in der Welterbefläche jegliche Jagd unterbleibt. Aktuell unterbleibt lediglich in der Welterbefläche im Inneren des Nationalparks jegliche Jagd. Wenn durch den dort stärkeren Wildverbiss die

Verjüngung seltener Baumarten behindert werden sollte, so ist dies dem Nationalparkziel geschuldet, das das Eingreifen des Menschen minimiert. Auch in jagdfreien Flächen ist die sorgfältige, langfristige Beobachtung der Waldentwicklung für die Wissenschaft wertvoll. So ist es durchaus möglich, dass trotz stärkerer Einwirkung des Schalenwilds die Verjüngung einzelner Baumarten in Schüben erst nach Jahrzehnten eintritt. Eine Langzeitbeobachtung dieser Effekte kann völlig unerwartete Resultate erbringen. Wer nur Baumverjüngung und Bodenvegetation im Blick hat, verliert leicht die Bedeutung der Tiere im Waldökosystem aus den Augen. Hermann Remmert hat u.a. schon 1988 darauf hingewiesen, dass der im Wald verteilte Tierkot den Abbau der Laubstreu wesentlich beschleunigen kann. Im Tierkot sind u.a. Mineralstoffe enthalten, die für das Wachstum der für den Stoffabbau verantwortlichen Mikroorganismen essenziell sind. Auf diese Weise spielen Tiere – von Mäusen bis zu Huftieren – im Kreislauf der Nährstoffe eine wichtige Rolle. Erschwerend für die Beobachtung von Wildtieren kommt hinzu, dass die dichten Laubwälder außerordentlich gute Deckung bieten. Der Nationalpark Bayerischer Wald bietet mit seinem großzügig angelegten Tierfreigelände den Besuchern die Möglichkeit, auch scheue Waldarten hautnah in natürlicher Umgebung zu beobachten. Für den Nationalpark Hainich ist Ähnliches geplant. Auch ohne eine Gehegezone lohnt es sich, am frühen Morgen oder in der Abenddämmerung nach Wildtieren Ausschau zu halten. An eingesprengten Waldwiesen, wie am Reckensbühl oder am Ihlefeld, aber auch an den Rändern zur Feldflur sind Wildbeobachtungen am aussichtsreichsten. Die Chance, Fledermäuse zu beobachten, ist in den Dämmerungszeiten gegeben.

In den 1970er-Jahren wurde Damwild eingebürgert, das in Deutschland nicht heimisch ist. Es besiedelt heute den gesamten Hainich. Da in Nationalparken ausschließlich die bodenständige Fauna vertreten sein darf, sollte daher diese Art zugunsten des heimischen, von selbst eingewanderten Rotwilds wieder zurückgedrängt werden. Wildschweine und Rehwild sind häufig, sodass sie mit etwas Glück noch am leichtesten zu beobachten sein werden. Fuchs, Dachs und Steinmarder sind im Hainich überall verbreitet. Seltener ist der Iltis, der die Nähe von Gewässern bevorzugt. Auch Mauswiesel und Hermelin, die Steinwälle und Hecken als Verstecke nutzen, wird man eher an ihren charakteristischen Spuren im Schnee als durch Anblicke nachweisen können. Der Baummarder wurde beobachtet. Er ist aber bedingt durch seine Vorliebe für große Reviere selten. Schon vor geraumer Zeit ist der Waschbär aus Hessen zugewandert und wird seitdem regelmäßig festgestellt. Sogar vom Baumkronenpfad aus konnte man schon in eine Wohnhöhle mit jungen Waschbären schauen. Auch wenn sein Einfluss auf die heimische Tierwelt – besonders auf Höhlen- und Bodenbrüter unter den Vögeln – von Kennern sehr negativ beurteilt wird, muss man sich künftig mit dieser neuen Art im Nationalpark arrangieren. Eine Ausrottung ist heute weder möglich noch mit den Nationalparkzielen vereinbar. Über die Wechselwirkung Waschbär/Wildkatze – z. B. über Nahrungs- und Höhlenkonkurrenz –, wissen wir fast nichts. Hier wäre eine Grundlagenforschung nötig. Fuchs und Dachs sind wohl am ehesten vom Ansitz an einem ihrer Wurfbaue zu sehen. Besonders wenn Jungtiere dort spielen, kann man sogar am Tage Glück mit der Beobachtung von Jungfüchsen haben. Die Wildkatze (s. Fachtafel S. 104) sucht im Hainich gern Fuchsbaue zur Tagesruhe auf. Eine Überraschung ist der Einwanderer Goldschakal: Er wurde 2019 erstmals für Thüringen im Nationalpark sicher nachgewiesen.

Mit der Fotofalle im Hainich ertappt:
**Linke Seite von oben nach unten:**
Wildkatze, Reh, Rothirsch, Damhirsch
**Rechte Seite von oben nach unten:**
Rotfuchs, Hase, Waschbär, Luchs – Rückkehrer im Hainich

## Fledermäuse

Viele Tiere sind uns Menschen ganz nah, leben aber sehr heimlich. Dazu gehören die Fledermäuse. Sie fliegen mit den Händen und sehen mit den Ohren: Im Laufe von Jahrmillionen haben sich Fledermäuse so vielgestaltig entwickelt wie kaum eine andere Tiergruppe. Über 950 Fledermausarten, das ist rund ein Fünftel aller bekannten Säugetierarten, bevölkern den Erdball. Die meisten leben in den Tropen und Subtropen. Aufgrund der klimatischen Bedingungen kommen in unseren Breiten nur sehr wenige Arten vor. Von den 27 in Deutschland lebenden Fledermausarten sind aktuell 21 in Thüringen nachgewiesen. Davon konnten im Nationalpark Hainich immerhin 15 Arten festgestellt werden. Für Waldfledermäuse stellt der Hainich mit seinen Laubwäldern ein Eldorado dar. Dicke, alte Bäume mit Höhlen, Faulstellen und abstehender Rinde bieten viele Verstecke, und der Insektenreichtum sorgt für einen reich gedeckten Tisch. Außerhalb des Nationalparks sieht es schlechter aus: Durch Baumaßnahmen gehen Quartiere verloren, die Tiere werden Opfer des Straßenverkehrs oder von Windrädern, durch Zerstörung naturnaher Landschaften und den Einsatz von Pestiziden wird den Fledermäusen die Nahrungsgrundlage entzogen.

Alle einheimischen Fledermausarten stehen unter strengem Naturschutz und sind durch internationale Abkommen geschützt. Besonderen Schutz genießen sechs Arten der Fauna-Flora-Habitat-Richtlinie der EU, drei davon (Großes Mausohr, Bechstein- und Mopsfledermaus) leben im Nationalpark.

**Linke Seite oben links:** Großer Abendsegler, **oben rechts:** Mopsfledermaus, **unten:** Bechsteinfledermaus
**Rechte Seite oben:** Wasserfledermaus, **unten:** Große Mausohren-Wochenstube

Vögel

Die vielfältig gemischten Laubwälder des Nationalparks und die sie umgebenden Flächen mit ihren aufgelockerten Busch- und Baumbeständen beherbergen eine reichhaltige Vogelwelt. Ornithologen stellten bislang im Hainich und seinem Umfeld rund 190 Arten fest. Davon brüten immerhin 110 im Gebiet, dies entspricht gut der Hälfte aller bislang in Thüringen nachgewiesenen Brutvogelarten – für einen so eng begrenzten Raum eine erstaunlich hohe Zahl! Rund 30 weitere Arten treten regelmäßig als Nahrungsgäste auf oder besuchen das Gebiet auf ihrem Durchzug im Winterhalbjahr. Etwa 50 Brutvogelarten sind an geschlossene Wälder gebunden. Der Rest bewohnt aufgelockerte Biotope und Freiflächen. Im Hainich ausgestorben ist der Steinsperling, der noch um 1900 an der Burg Haineck bei Nazza brütend angetroffen wurde. In der Vogelschutzwarte Seebach befindet sich ein sorgsam gehütetes Präparat.

Durch die Mitarbeiter der Nationalparkverwaltung und ehrenamtlich tätige Ornithologen werden im Rahmen eines Monitorings auf Dauerbeobachtungsflächen Daten zur Bestandsentwicklung von Vogelarten und zu Veränderungen im Bestand gesammelt. Spannend sind Veränderungen, die sich durch die laufende Wiederbewaldung des Offenlandes ergeben. Nicht immer muss man einen Vogel im Fernglas vor sich sehen. Viele Arten können durch ihren Gesang oder andere Lautäußerungen nachgewiesen werden. Gerade die für den Hainichwald besonders typische Gruppe der Spechte verrät sich durch charakteristische Rufe und durch ihr Trommeln (s. Fachtafel S. 94).

Gelegentlich gelingt sogar der Nachweis eines singenden Zwergschnäppers, der hier an seiner westlichen Verbreitungsgrenze außerordentlich selten ist. Wegen seines unauffälligen Lebens in den höchsten Wipfeln wird er aber auch oft übersehen. Dem Kenner verrät er sich dennoch durch seinen lauten, charakteristischen Gesang. Er zählt zu den Vogelarten, die sich in Ur- und Naturwäldern mit viel totem Holz am wohlsten fühlen.

Greifvögel wie Mäusebussard und Rotmilan brüten meist waldrandnah, da sie die offene Feldflur zur Nahrungssuche benötigen. Von den Eulen profitiert der Waldkauz vom Reichtum an Großhöhlen. Die Waldohreule nutzt Nester von Krähen und Greifvögeln zur Brut, und von den Kleineulen wurden Raufußkauz und sogar der Sperlingskauz als Raritäten nachgewiesen, obwohl beide als „Taigavögel" an Nadelbäume gebunden sind und daher den Laubwald eher meiden. Unsere größte Eule, der Uhu, brütet im nahen Werratal in Felswänden und berührt als Offenlandjäger den Nationalpark nur randlich.

**Linke Seite:** Der Waldkauz verlässt seine Bruthöhle in der hohlen Linde.
**Rechte Seite:** Zwei Raritäten im Hainich: Sperlingskauz (**rechts**) und Zwergschnäpper (**unten**)

## Reichtum an Spechten

Bereits am Waldrand haben wir im April und Mai die Chance, Grün- und Grauspecht zu finden. Als „Erdspechte" suchen sie ihre Nahrung gern am Boden, indem sie die Bauten der Wiesenameisen plündern. Wo alte Obstplantagen dem Wald vorgelagert sind, kann man mit etwas Glück auch die Rufe des selten gewordenen Wendehalses hören. Spechte sind wie nur wenige andere Vögel auf alte, totholzreiche Wälder angewiesen. Dort zimmern sie ihre Höhlen und finden reiche Nahrung in kranken und absterbenden Bäumen. Die jahrzehntelang nur extensiv genutzten Waldteile des Hainich, z. B. im Weberstedter Holz, sind für Spechtbeobachtungen besonders günstig. Hier wurden noch vier weitere Spechtarten nachgewiesen, am häufigsten der Buntspecht, gefolgt von Mittel-, Schwarz- und dem nur sperlingsgroßen Kleinspecht.

Der sonst seltene Mittelspecht ist im Hainich weit verbreitet. Er bevorzugt grobborkige Laubbaumarten: Eichen, Linden, Elsbeeren, Eschen und alte Ahorne. Der Grund dafür liegt in der Art seines Nahrungserwerbs: Der Mittelspecht sucht seine Nahrung nicht hackend wie andere Spechte, sondern sammelt sie aus den tiefen Ritzen der Borke. Auch Buchen, wenn sie über 160 Jahre alt sind, bieten ihm durch ihre immer rauer werdende Rinde Lebensraum.

Der Schwarzspecht legt gerne in langschäftigen Buchen seine geräumigen Bruthöhlen an, die später vielen anderen Nachnutzern wie Hohltaube, Raufußkauz und Kleiber, aber auch Fledermausarten, Mardern, Bilchen, ja selbst Rosenkäfern, Wildbienen und Hornissen als Platz für die Brut und Jungenaufzucht oder als Versteck dienen.

**Linke Seite oben:** Mittelspecht am Ringelbaum – ein Charaktervogel der Hainichwälder **unten:** Buntspechtmännchen am toten Ast
**Rechte Seite links oben:** Grauspecht-Männchen, **darunter:** Wendehals – beide Arten füttern ihre Brut mit Ameisen und ihren Puppen. **Rechts:** Schwarzspechte bei der Brutablösung

# Jungwälder und Offenland

## Pflanzengesellschaften

Als kurz nach der politischen Wende mit dem Abzug der Roten Armee der Truppenübungsplatz Kindel zugänglich wurde, fielen zunächst die riesigen, durch Abholzung entstandenen Offenflächen ins Auge. Schwere Kettenfahrzeuge hatten ihre Fahrspuren hinterlassen und den Boden verdichtet, Grasflächen dominierten. Unzählige wassergefüllte Tümpel bildeten den Lebensraum für eine individuenreiche Gelbbauchunkenpopulation. Zwischen den Fahrspuren deutete sich aber bereits junger Baumwuchs an, der nach und nach das ganze Areal bei ungestörter natürlicher Entwicklung wieder begrünen würde. Verträge mit Schäfern verzögerten aber zunächst diese Entwicklung auf einigen Teilflächen, bis mit dem Auslaufen der Weidewirtschaft die Waldentwicklung auf ganzer Fläche möglich wurde. Heute sind diese Areale zu einem idealen Lehrbeispiel für natürliche Wiederbewaldung geworden.

Eng verzahnt mit den alten Wäldern finden wir hier Vorwälder, Gebüschgesellschaften, Schlagfluren und Waldsäume besonders im Kindel und auf den ehemaligen Schießbahnen des früheren Truppenübungsplatzes Weberstedt. Auf den nicht mehr genutzten Offenflächen vollziehen sich interessante Entwicklungen zur natürlichen Waldvegetation. Mit faszinierender Geschwindigkeit erobern Eschen-Bergahorn-Vorwälder ehemalige Waldareale zurück. Daneben spielen auch Hasel-, Salweiden- und Schlehen-Weißdorn-Gebüsche eine bedeutende Rolle als Vorreiter der Wiederbewaldung. Auf den noch vorhandenen Offenflächen herrschen meist grasreiche Sukzessionsstadien vor, wie verschiedene Ausprägungen von Halbtrockenrasen, von Frischweiden und der Landreitgras-Schlagrasen, die oft bereits in Verbuschung begriffen sind. Auch Schlagfluren wie die Tollkirschen-Schlagflur – eine für den Hainich charakteristische Gesellschaft der Kahlschläge und Waldlichtungen – kann man hier beobachten. An den südlich und westlich exponierten Waldrändern besitzt der Klee-Odermennig-Saum seinen Verbreitungsschwerpunkt.

Floristisch sehr interessant sind die zahlreichen, inzwischen of verlandeten Tümpel in den alten Panzerspurrinnen. Neben verbreiteten Wasser- und Sumpfpflanzen enthalten sie auch bemerkenswerte Arten der Zwergbinsen-Gesellschaften wie Schlammling, Zierliches Tausendgüldenkraut und sehr selten Ysop-Blutweiderich. Im Laufe der Sukzession werden sie jedoch allmählich verdrängt. Zu den Sonderstandorten des Gebietes zählen vor allem Erdfälle, die vornehmlich im Bereich der flachen Ostabdachung des Hainich auftreten. Sie sind meist nur zeitweise wassergefüllt und weisen eine Vegetationsvielfalt auf, die von Schwimmblatt-Gesellschaften über Röhrichte und Großseggenriede bis hin zu Erlenbrüchen reicht.

**Oben:** Truppenübungsplatz Kindel: Großflächige Offenlebensräume
**links:** Aussichtsturm „Hainichblick", **rechts:** Kleingewässer

Blick vom Aussichtsturm „Hainichblick“ nach Nordwesten über die großflächigen Jungwaldbestände.

## Blütenpracht in offener Landschaft

Den zusammenhängenden Waldkomplex des Nationalparks umgibt an manchen Stellen eine vielfältig strukturierte Kulturlandschaft, die botanisch reichhaltig ist. Ackerflächen, Frischwiesen und -weiden sind von einem noch gut erhaltenen Netz aus Streuobstbeständen, Einzelbäumen und streifenförmigen Flurgehölzen durchzogen. Wertvoll sind darunter die Kalkhalbtrockenrasen und Wacholderbestände im Gebiet der Craulaer Heide. Es dürfte sich um die größten Schillergras-Wacholder-Gebüsche in Thüringen außerhalb der Rhön handeln, die von ausgedehnten Enzian-Schillergras-Halbtrockenrasen durchsetzt sind. Charakteristische Arten sind die Gräser Furchenschwingel, Pyramiden-Schillergras und die Fiederzwenke. Unter den Kräutern sind es Deutscher und Fransenenzian, Stängellose Kratzdistel, die geschützte Silberdistel und die Dornige Hauhechel. Aus botanischer Sicht bemerkenswert sind auch die Vorkommen des Katzenpfötchens und des Kleinen Knabenkrautes.
Ein weiterer floristischer Höhepunkt ist das Feuchtgebiet „Binsenwiese" an der Südwestflanke des Hainich mit Erdfällen, sehr artenreichen Feuchtwiesen und Großseggen-Rieden. Neben Kohldistel-Wiesen kommen hier sogar Pfeifengras-Wiesen mit den stark gefährdeten Orchideenarten Sumpfsitter und Breitblättriges Knabenkraut sowie den seltenen Seggenarten Torf- und Filzsegge vor.
Neben diesen naturschutzfachlich wertvollen Gebieten gibt es allerdings auch noch Flächen mit intensiver Landwirtschaft, die hart an die Nationalparkgrenzen stoßen. Konflikte in Form von erhöhten Wildschäden sind dann vorprogrammiert, wenn Intensivkulturen wie Mais und Raps bis an den Waldrand reichen. Hier sollen sanfte Übergänge geschaffen werden. Durch entsprechend geförderte Extensivierungsprogramme muss erreicht werden, dass die Umstellung nicht zu Lasten der Landwirte geht. Diese Zielstellungen entsprechen voll und ganz der Funktion, die auch der Naturpark Eichsfeld-Hainich-Werratal verfolgt, in den der Nationalpark eingebettet ist. Dauergrünland mit extensiver Ganzjahresweide wäre das ideale Modell für das nahe Hainichumfeld, ganz besonders im Raum Craula. Solche Modellregionen sind nicht nur für die Grundwasserneubildung, sondern auch für den Klimaschutz von herausragender Bedeutung, da extensives Dauergrünland als Kohlenstoffsenke von großer Bedeutung ist.

**Linke Seite:** Craulaer Heide
**Rechte Seite:** Streuobstwiesen sind wertvolle und charakteristische Lebensräume im Umfeld des Hainich.
Diese Beispiele, ergänzt durch extensive Ganzjahresbeweidung, sollten den Nationalpark gegen die intensiv genutzte Agrarlandschaft abpuffern.

## Tiere der Waldränder

Von den Säugetieren sind hier Rotwild und Wildkatze mit viel Glück und Geduld zu finden. Im Stammbereich der Laubbäume suchen neben den Spechten Wald- und Gartenbaumläufer sowie Kleiber ihre Nahrung. Besonders in feuchteren Laubwaldpartien nistet die Waldschnepfe. Von April bis weit in den Juni hinein kann sie in der Abenddämmerung überall im Hainich bei ihren auffälligen Balzflügen beobachtet werden, bei denen sie ihr charakteristisches „Quorren" und „Pfüitzen" hervorbringt.

Alte Buchen am Rande des Busch- und Offenlandes bieten mit ihren hohen Baumwipfeln zahlreichen Greifvogelarten Brutmöglichkeiten. Von den auf der Roten Liste Thüringens aufgeführten Arten kommt im Nationalparkgebiet regelmäßig der Rotmilan vor. Habicht, Sperber und Wespenbussard als weitere Brutvögel im Hainich wurden aus der neuesten Auflage der Roten Listen Thüringens entlassen.

In den Randbereichen zu den Offenlandschaften, auch gerade am Alten Berg und in der Craulaer Flur, jagt der selten gewordene Baumfalke, ein eleganter Flieger, der ebenso geschickt Großinsekten wie rasch fliegende Vögel – sogar Schwalben – im Flug zu erbeuten vermag. Der Wanderfalke besucht das Nationalparkgebiet nur selten vom Werratal aus. Auch der Kolkrabe besiedelt seit Langem wieder die Hainichwälder. Dieser größte Vertreter der Rabenvögel baut seine Horste sehr versteckt mit Vorliebe in hohen Rotbuchen im Waldesinneren.

Vom Rand des Buchenaltholzes am Alten Berg, der höchsten Erhebung des Hainich, knapp außerhalb des Nationalparks gelegen, gleitet der Blick zu den üppig aufwachsenden Jungwäldern und dem verbuschten Offenland des ehemaligen Truppenübungsplatzes Kindel, dessen Betreten nur auf ausgewiesenen Wegen gestattet werden kann, da er nur teilweise von Munition gesäubert ist. Mit viel Glück kann von hier aus gelegentlich der scheue Schwarzstorch beobachtet werden, wenn er von der Nahrungssuche zurückkehrend sein verstecktes Brutgebiet ansteuert. Er nutzt den Reichtum an Lurchen und großen Insekten, die er im Offenland des Kindels, aber auch in den alten Waldbeständen zu finden weiß. Gelegentlich sucht der Schwarzstorch zum Nahrungserwerb die wassergefüllten Erdfälle oder auch Teiche des Nationalparkumfeldes auf.

Zur Fülle der für den Nationalpark charakteristischen kleineren Vogelarten, die vor allem in deckungsreichen Jungwaldungen des Kindel hohe Bestandsdichten erreichen, gehören Mönchs-, Dorn- und Gartengrasmücke, Waldlaubsänger, Trauerschnäpper, Gelbspötter und verschiedene Meisenarten. Neuntöter, Raubwürger und Wendehals sind weitere typische Arten dieses Lebensraumes.

**Links:** Grauammer, Charakterart der ehemaligen Schießbahnen
**Rechte Seite:** Wespenbussard, seltener Brutvogel des Hainich, am Horst.

## Huftierbestände und Nationalparkziele

Die Entnahme von Tieren mit jagdlichen Mitteln ist unstrittig ein Eingriff in natürliche Abläufe, konkret in Tierpopulationen. Das Prinzip „Natur Natur sein lassen" wird gebrochen. Tierbestände, insbesondere die der Pflanzen fressenden Huftiere, die weit höher als in Naturlandschaften sind, haben aber gravierende Einflüsse auf die Pflanzendecke und die Dynamik ihrer natürlichen Entwicklung. Der Grund des Problems liegt im Fehlen der natürlichen Feinde wie Wolf, Luchs und Bär und den viel zu kleinen Flächen unserer Nationalparke. Der vorwiegend durch Reh und Hirsch verursachte Verbiss der Baumverjüngung machte daher in allen deutschen Waldnationalparken Reduktionsmaßnahmen bei den Schalenwildarten notwendig. Sie sollten aber auf das erforderliche Minimum beschränkt und somit Wildtiere nur sehr kurzzeitig beunruhigt werden und auch für Nationalparkbesucher tolerabel bleiben. Keine leichte Aufgabe für die Nationalparkverwaltung.

Es sei aber klargestellt: Nicht die Wiederherstellung historischer Waldbilder kann das Ziel in einem Nationalpark sein, sondern die Entwicklung von Lebensräumen unter weitgehendem Verzicht auf direkte menschliche Einflüsse. In diesem Sinne ist der oft kritisierte Verbiss der Baumverjüngung, besonders bei selteneren Baumarten, im Sinne der Nationalparkziele zu tolerieren. Grundsätzlich gilt es, lange Zeiträume der Entwicklung zu betrachten. Bei manchen Baumarten kann es Jahrzehnte dauern, bis ein Verjüngungsschub eintritt. Einzelne Baumarten werden zwar seltener, sie werden aber nie ganz aus dem Waldökosystem verschwinden und bleiben als Samenspender weiter verfügbar.

Da der relativ kleine Nationalpark von einer intensiv genutzten Kulturlandschaft umgeben ist, muss der von Wildtieren dort verursachte Schaden reduziert werden. Die Jagd ist daher zur Unterstützung der Naturschutzziele als Managementmaßnahme bisher unverzichtbar. Dazu wurde ein abgestuftes Konzept entwickelt, das völlig beruhigte Bereiche im Inneren (Welterbefläche) sowie stärker bejagte Bereiche im Grenzbereich des Nationalparks vorsieht. Die Jagd wird so ausgeübt, dass schnell, effektiv, tierschutzgerecht, in möglichst kurzen Zeiträumen und für den Besucher unauffällig in die Wildbestände eingegriffen werden kann.

## Heimlicher Jäger im Urwald – die Wildkatze im Nationalpark Hainich

„Die ächte wilde Katze ist ein unheimliches Tier und gewährt einen fast abschreckenden Anblick", so ist es in einem Tierbuch von 1853 zu lesen, und in einem Werk zur Niederjagd von 1931 wird gefolgert: „Es wird keinen Jäger geben, der der Wildkatze nicht unausgesetzt und ohne Rücksicht auf die Jahreszeit … nachstellen und der ruhen und rasten würde, bevor es ihm gelungen ist, sein Revier und sein Wild von diesem unheilvollen Gaste befreit zu haben."

Kein Wunder, dass die Wildkatze nach jahrhundertelanger Verfolgung in Deutschland aus vielen Wäldern verschwunden ist und heute zu den stark gefährdeten Tierarten zählt. Dabei war sie bereits vor 500.000 Jahren bei uns heimisch. Sie ist ein ursprüngliches Element europäischer Laubwälder. In der Körpergröße und im Aussehen unterscheiden sich Wildkatzen kaum von getigerten Hauskatzen. Wildkatzen wirken jedoch gedrungener und kräftiger. Die Fellfarbe ist meist ein verwaschenes, marmoriertes Graubraun. Der Schwanz wirkt besonders im Winterfell dicker, buschiger mit dunklen Ringen und einem stumpfen, schwarzen Ende. Wildkatzen kommen bei uns in den Laubwäldern rund um das Thüringer Becken vor. Eines der Rückzugsgebiete der Wildkatze ist der Hainich. Wildkatzen ernähren sich überwiegend von Mäusen. Das Weibchen kümmert sich liebevoll um seinen Nachwuchs. Pro Wurf kommen nach einer Tragzeit von gut 2 Monaten 2–4 Junge zur Welt, meist im April. Die Streifgebiete der Weibchen sind mehrere Hundert Hektar groß, die der Männchen mehr als Tausend Hektar. Ein nasses Frühjahr kann zu großen Verlusten bei den Jungen führen, den ersten Winter überleben nur wenige. Die Wildkatze bevorzugt reich strukturierte, störungsarme Laubwälder, wo sie ausreichend Jagd- und Versteckmöglichkeiten findet, wie es der Nationalpark Hainich bietet. Die Wildkatzenforschung im Hainich lieferte Grundlagen für Schutzkonzepte zur Vernetzung von Wäldern, z. B. für das Projekt „Rettungsnetz Wildkatze" des BUND.

**Linke Seite:** Ein Glücksmoment für den Fotografen: Hoch in der Eschenkrone hat die Wildkatze ihren Tagesruheplatz gewählt.
**Rechte Seite:** Junge Wildkatzen sind kontrastreich getigert (**oben**), alte haben eine eher verwaschene Fellzeichnung (**unten**).

## Vogelleben im Offenland

In den offenen Wiesenbereichen, die im Zuge der früheren militärischen Nutzung entstanden sind, nisten viele seltene, in Thüringen besonders schützenswerte Vögel. Hervorzuheben sind Arten wie Rebhuhn, Wachtel, Wachtelkönig, Bekassine, Flussregenpfeifer, Braun- und Schwarzkehlchen, Sperbergrasmücke, Steinschmätzer und die beiden Würgerarten Neuntöter und Raubwürger. Sogar der Brachvogel wurde im Südzipfel des Kindel schon nachgewiesen, allerdings nur in der Zugzeit. Auf den ehemaligen Schießbahnen hat die Grauammer sehr stark zugenommen, von der im Nationalpark mit ungefähr 250 Paaren ein Viertel des Thüringer Bestandes brütet. Noch Anfang der 1990er-Jahre hatte sich im Grasland und in den Jungwäldern des Kindels sogar das Birkhuhn aufgehalten. Die Zuwanderung erfolgte vermutlich von dem ca. 25 km entfernten Übungsplatz Ohrdruf oder vom Thüringer Wald aus. Es gelangen jährlich Nachweise einzelner balzender Hähne und Hennen. Schon Ende der 1990er-Jahre ist die kleine Teilpopulation erloschen.
Vogelarten, die an Gewässer, Röhrichte und Sumpfflächen gebunden sind, fehlen weitgehend in dem naturgemäß wasserarmen Muschelkalkgebiet des Hainich. Eine Ausnahme bilden seltene Durchzügler wie Rohrdommel und Rohrweihe. Erwähnenswert ist der zunehmend häufigere Durchzug und sogar das gelegentliche Rasten von Kranichtrupps auf dem Kindel im Bereich von kleineren Wasserflächen und Tümpeln. Nachdem im Thüringer Becken an den Stauseen Kelbra am Kyffhäuser und am Stausee Straußfurt große Binnenrastplätze des Kranichs entstanden sind, führt der Abzug nach Westen oft große Trupps dieser eindrucksvollen Schreitvögel über die Hainichwälder. 2021 brütete der Kranich erstmals erfolgreich im Nationalpark.
Der Hainich wird auch durch verschiedene Eulenarten bejagt. Während der im Nationalpark verbreitete Waldkauz auf große Baumhöhlen angewiesen ist und daher ältere Waldteile bewohnt, bevorzugt der Uhu offenes Gelände oder Waldränder zur Jagd. Nicht selten erbeutet er Igel, die im Hainich noch recht verbreitet sind. In den Felsabstürzen des Werratals findet er sichere Brutnischen. An Waldrändern oder in Feldgehölzen kann mit der kleineren Waldohreule, seltener – meist auf dem Zuge auf dem Offenland des Kindel – auch mit der Sumpfohreule gerechnet werden. Der Steinkauz, dessen Rückgang in ganz Thüringen besorgniserregend war, brütet seit mehreren Jahren wieder erfolgreich in der „Thürengeti" – der extensiv betriebenen Weidelandschaft bei Crawinkel am Rande des Thüringer Waldes. Eine Wiederbesiedlung des Hainichrandes ist daher sehr wahrscheinlich geworden.

**Links:** Kraniche überfliegen auf ihrem Zug nach Westen den herbstlichen Hainich.
**Rechte Seite links oben:** Raubwürger – eine seltene Art in der Strauchzone des Offenlandes, **links unten:** Neuntöter
**rechts oben:** Uhu, nistet in den Felsen des nahen Werratales, jagt aber im Offenland des Hainich. **Rechts unten:** Schwarzkehlchen

## Lurche und Kriechtiere

Die Erfassung der Lurche und Kriechtiere hat sich bisher hauptsächlich auf das Gebiet des Nationalparks beschränkt. Im nördlichen Teil des Laubwaldgebietes kann der „Senkig", ein ehemaliger Steinbruch, als gut untersucht gelten. Im gesamten Hainich wurden bisher fünf Reptilien- sowie zwölf Amphibienarten und der Teichfrosch als Mischlingsform nachgewiesen.

Der Bergmolch ist die charakteristische Amphibienart im geschlossenen Waldgebiet. Während der Fortpflanzungszeit ist er in vielen natürlichen Gewässern (z. B. an wassergefüllten Erdfällen, an Kolken der meist nur zeitweise Wasser führenden Bachläufe, an Wurzeltrichtern umgestürzter Bäume oder Wildsuhlen), aber auch in wasserführenden Fahrspurrinnen und Gräben zu finden. Auch Erdkröte und Grasfrosch nutzen solche Wasseransammlungen zur Fortpflanzung. Die zugehörigen Sommer- und Winterlebensräume finden sie im reich strukturierten Laubmischwald. Bemerkenswert ist das Vorkommen des Feuersalamanders im westlichen Hainich in einem Quellgebiet bei Hallungen. 1979 wurde er letztmalig bei Eigenrieden am Nordrand des Hainich beobachtet. Nachweise dieser Art von den Muschelkalkplateaus und aus den Bergländern Thüringens sind selten.

Im Süden des Nationalparks entstanden durch den früheren militärischen Übungsbetrieb auf dem ehemaligen Truppenübungsplatz Kindel wärmegetönte, gewässerreiche Offenlandbereiche. Sie zählten zu den bedeutendsten, vom Menschen geschaffenen Amphibienlebensräumen in Deutschland. Hier fanden Arten, die wärmere Lebensräume rasch besiedeln können, großflächig geeignete Lebensbedingungen. Dazu gehörte vor allem die Gelbbauchunke (Rote Liste Thüringen Kategorie 1). Ihr Bestand auf dem Kindel wurde damals auf ca. 10.000 Exemplare geschätzt. Wirklich gezählt hat sie aber niemand. Heute dürften es nur noch kleine Restbestände sein. An dieser Stelle wird besonders deutlich, dass das oberste Ziel eines Nationalparks „Natur Natur sein lassen" ist. Was Panzer einst in der Landschaft hinterlassen haben, wird hier zugunsten der natürlichen Wiederbewaldung aufgegeben, auch wenn Arten des Offenlandes verschwinden! Die Gewinner sind die Arten des Laubwaldes. Spezielle Artenschutzmaßnahmen für Offenlandarten sollen aber im Umfeld, also im Naturpark, ihren gebührenden Platz finden.

Des Weiteren gibt es Massenvorkommen des Kamm- und Teichmolches. Der Nördliche Kammmolch steht auf der Roten Liste Thüringens (Kategorie 3: „gefährdet"). Auch der Europäische Laubfrosch ist im Gebiet häufig. Dies gilt jedoch nicht für ganz Thüringen, wo er als „stark gefährdet" (Kategorie 2) eingestuft wurde. Die Kreuzkröte (Rote Liste Kategorie 1), zuletzt vor mehr als 20 Jahren in Kleingewässern auf den Schießbahnen nachgewiesen, ist vermutlich nach dem Verlust der für sie geeigneten Pioniergewässer verschwunden.

Vor der Begradigung der Flüsse besiedelten diese Amphibienarten vor allem die Auen von Werra, Nesse und Unstrut sowie die der Bäche, die den Hainich entwässern. In den sonnigen, abwechslungs- und nahrungsreichen Waldrandlagen fanden sie Sommer- und Winterquartiere.
Viele Amphibienarten können neu entstandene Lebensräume schnell und in hoher Individuendichte besiedeln. Der Truppenübungsplatz als Lebensraum aus zweiter Hand und die Ansiedlung der Gelbbauchunke sind dafür ein gutes Beispiel. Der militärische Übungsbetrieb sorgte hier zufällig für die Dynamik, die im ursprünglichen Lebensraum in den Auen durch Überschwemmungen vorhanden war.
Die Geburtshelferkröte, die wegen ihres wohlklingenden Balzrufs im Volksmund auch „Glockenfrosch" genannt wird, kommt im nördlichen Hainich im „Senkig" vor. Die Art zeigt ein hochinteressantes Brutpflegeverhalten. Das Männchen schlingt sich nach der Befruchtung die Eischnüre um die Hintergliedmaßen. Im Volksmund führte das zum Namen „Fessler". Die Embryonen wachsen außerhalb des Wassers heran und ernähren sich vom großen Dottervorrat der Eier. Für die geeigneten Bedingungen ihrer Embryonalentwicklung sorgt das Männchen z. B. durch die Wahl seiner Versteckplätze. Nach drei bis sechs Wochen sucht das Männchen das Wasser auf und die Larven verlassen die Eihüllen. Mit 10 bis 17 mm Länge sind sie für Feinde weniger „attraktiv". Die Umwandlung der Larven findet wahrscheinlich erst im Frühsommer des darauffolgenden Jahres statt.
Die Mehrzahl der Reptiliennachweise gelang an den wärmeren Waldrändern und im Südteil des Nationalparks. Die Ringelnatter wurde z. B. im Steinberggebiet, an der Thiemsburg, an einem Stausee im südwestlichen Kindel sowie im „Senkig" beobachtet. Zauneidechsen kommen auf den Halbtrockenrasen des Nationalparkgebietes sowie an den südexponierten Waldrändern des Behringer Holzes vor. Die Waldeidechse ist weit verbreitet und besiedelt auch Wegränder, Schneisen und Lichtungen im Laubwald. Blindschleichen wurden bisher vor allem in Waldrandlagen beobachtet. Beiden Arten kann man z. B. am Reichenbacher Wald, auf der Reichenbacher Harth sowie an der Waldkante westlich von Oberdorla begegnen. Der geschlossene Laubwaldbereich wird von den Reptilien vor allem in den trocken-heißen Hochsommermonaten aufgesucht. Inwieweit er auch zur Überwinterung genutzt wird oder beispielsweise von der Ringelnatter zur Eiablage, z. B. in verrottendem Holz, bedarf noch der Klärung.

**Oben:** Ringelnatter
**Linke Seite:** Gelbbauchunke – einst der häufigste Lurch auf dem Kindel.

## Pflanzen und Tiere der Erdfälle

Insbesondere der Nordostteil des Nationalparks ist reich an kleinen Erdfällen. Ihr Flächenanteil ist unbedeutend und liegt weit unter einem Prozent an der Gesamtfläche. Ihre ökologische Bedeutung als Sonderstandort und wichtiges Habitat im Lebenszyklus mancher Arten ist aber nicht zu unterschätzen. Sie bereichern den Nationalpark ungemein. Die meisten Erdfälle sind meist trocken und unterscheiden sich in der Vegetation nicht vom Umfeld. Sie sind aber zumindest im Frühjahr mit Wasser gefüllt und für viele Tierarten attraktiv. Rehe, Hirsche und andere Säugetiere nutzen dann diese Stellen als Tränken, Wildschweine suhlen sich darin. Im schlammigen Uferbereich fallen die charakteristischen Spuren des Waschbären auf. Er geht hier gerne auf Nahrungssuche. Grasfrosch, Berg- und Teichmolch sind regelmäßig in diesen Gewässern anzutreffen. Im größten Erdfall, dem Hünenteich, ist ganzjährig Wasser vorhanden. Daher sind hier auch Fische nachgewiesen worden, die ansonsten im Hainich keine Lebensmöglichkeiten finden. Enten und Graureiher kommen hierher zur Nahrungssuche. Im Mai besticht der Hünenteich durch die gelben Blüten der Wasser-Schwertlilie. Die wenigen Nachweise von echten Wasserpflanzen im Hainich stammen aus dem Hünenteich oder künstlichen Gewässern, wie dem Silbersee an der B 84 oder den Gewässern an der Thiemsburg. Für Insektenarten wie z. B. Libellen, Eintagsfliegen, Wasserkäfer oder Wassermollusken sind diese Gewässer die Voraussetzung für ihr Vorkommen im Nationalpark.

Entsprechend des Karstcharakters des Muschelkalkgebirges fehlen ganzjährig wasserführende Bäche im Hainich. Meist handelt es sich um sommertrockene Entwässerungstäler. Im Frühjahr nach der Schneeschmelze, aber auch nach Starkregen, sind die Bachbetten zumindest für einige Tage gefüllt. Hochwasser ist jedoch ein eher seltenes Schauspiel im wasserdurchlässigen Karstgebiet. Rechts und links des Bachbettes, so weit die Feuchtigkeit reicht, säumen oft großflächige Märzenbechervorkommen und andere feuchtigkeitsliebende Bodenpflanzen diese Bachtäler.

**Links:** Wassergefüllter Erdfall im Frühling (Hünenteich)
**Rechte Seite:** Marmorierter Rosenkäfer

## Insekten und andere wirbellose Tiere

Die Insektenwelt des Nationalparks führt ein eher heimliches Dasein. Viele Arten des Waldes sind nur selten zu sehen, auch wenn sie zahlreich vorkommen und häufig stattliche Körpergrößen erreichen. So ist der Lederlaufkäfer mit 25 mm Größe eine regelmäßig vorkommende Art. Er ist nachtaktiv und deshalb kaum einmal zu entdecken. Die Wälder des Hainich sind für einen weiteren Laufkäfer bedeutsam. Der in Thüringen stark gefährdete Schluchtwaldlaufkäfer ist hier verbreitet und findet in zerfallenden Laubholzstubben Unterschlupf. Mitunter überwintern 30–40 Tiere dieser auch allgemein seltenen Art gemeinsam. Auch aus anderen Käferfamilien haben allgemein stark gefährdete Arten im Hainich noch gute Bestände. So kann man mit etwas Glück den Grünen Edelscharrkäfer, einen seltenen Verwandten des Gemeinen Rosenkäfers, auf Blüten an Waldsäumen und Lichtungen antreffen. Weitere gefährdete Arten sind der Buchenbock, der Kleine Laubholzzangenbock, der sehr seltene Weberbock, der Marmorierte Rosenkäfer sowie der Rehschröter, eine kleine Hirschkäferart.

Bis auf den Weberbock, der in letzter Zeit nur einmal nachgewiesen wurde, sind alle genannten Arten im Hainich weit verbreitet. Wichtig ist für sie vor allem das ausreichende Angebot an toten Bäumen, von dem sie direkt oder indirekt abhängen. Das Vorhandensein dieses selten gewordenen Kleinlebensraumes ist ein bedeutsames Qualitätsmerkmal weiter Teile des Waldgebietes, das sich bei der Entwicklung zu einem Laubholzurwald in vielfältiger Weise anreichert. Untersuchungen durch den Käferspezialisten Andreas Weigel in den Jahren 1994 und 1995 ergaben für den Hainich bereits eine große Zahl seltener Holzkäferarten.

Der Nationalpark Hainich bietet auch vielen Schmetterlingsarten gute Entwicklungsmöglichkeiten. Allerdings sind für viele dieser Arten weniger der geschlossene Wald als die Waldsäume, Wegränder und die vorgelagerten offenen Landschaften mit ihren Streuobstbeständen, Schaftriften und Wacholderheiden interessant. Insgesamt wurden bisher rund 80 Tagfalterarten nachgewiesen, darunter auch an mehreren Fundorten die in ganz Thüringen gefährdeten Arten Senfweißling, Goldene Acht, Hufeisenklee-Heufalter, Großer Schillerfalter, Großer Perlmutterfalter, Grasheiden-Scheckenfalter, Rostbinde, Perlbinde, Pflaumenzipfelfalter, Lilagoldfalter, Violetter Waldbläuling und Hylasbläuling. Der Hylasbläuling ist in Thüringen vom Aussterben bedroht. Als neueste Entdeckung im Offenland des Hainichs ist der Fund eines besonders gefährdeten Dickkopffalters bemerkenswert.

Unter den anderen Wirbellosen sind bisher nur die Weichtiere etwas intensiver untersucht worden. Bemerkenswert ist vor allem das Vorhandensein der Bezahnten Achatschnecke, die als Zeigerart für urständige Wälder gelten kann und die durch ihre weite Verbreitung im Hainich auch auf die Ursprünglichkeit und langzeitige Existenz der meisten Waldbereiche hinweist. Auch das Vorkommen der beiden hauptsächlich in Bergwäldern verbreiteten, völlig flugunfähigen Blattkäfer, des Metallischen Tatzenkäfers und des Hellbraunroten Blattkäfers, spricht für diese Tatsache. Weitergehende Untersuchungen des Artenbestands des Nationalparks lassen unter den Wirbellosen auch in Zukunft noch überraschende Neuentdeckungen erwarten.

*„Ein Wort zum forstlichen Sonntag: Heile Umwelt ist wichtiger als wirtschaftliche Rentabilität“*

Hans Eisenmann, bayerischer Forstminister

## Artenvielfalt im Hainich – rund 10.000 Tierarten sind hier zu Hause.

**Rechts:** Nagelfleck, **links unten:** Schillerfalter,
**rechts unten:** Sammetmilbe
**Rechte Seite links oben:** Schleimpilz
**rechts oben:** Eichenschrecke
**links unten:** miniertes Buchenblatt
**rechts unten:** Stiftgallen der Lindengallmilbe

## Naturerlebnis Hainich

### Ein Wanderwegenetz entsteht

„Die Errichtung des Nationalparks dient insbesondere der Sicherung und Herstellung eines weitgehend ungestörten Ablaufs der Naturprozesse. … Der Nationalpark dient auch einer umweltschonenden, naturnahen Erholung, der Entwicklung des Fremdenverkehrs, soweit dies mit dem Schutzzweck im Übrigen vereinbar ist, der Umweltbildung sowie der Forschung."

So steht es im Gesetz über den Nationalpark Hainich. Ende 2022 waren insgesamt 90 % der Fläche ohne Holznutzung und ohne einen direkten Einfluss des Menschen (davon ausgenommen ist die Wildbestandsregulierung) – ein hervorragender Wert. Aber der Mensch ist nicht ausgesperrt, ganz im Gegenteil. Die Erholung und auch die Umweltbildung gehören ausdrücklich zu den Aufgaben der Nationalparkverwaltung. Neben ausreichendem und qualifiziertem Personal ist dafür auch eine angemessene Infrastruktur erforderlich.

Zum besseren Verständnis der touristischen Entwicklung im Hainich muss man sich zunächst die Ausgangssituation von 1998 ins Gedächtnis rufen. Als Nationalpark ausgewiesen wurde ein Gebiet mit hervorragender Naturausstattung von zweifellos internationaler Dimension. Seine damalige Bedeutung für den Tourismus war aber nahe Null. Entstanden auf zwei ehemaligen militärischen Übungsplätzen, die teilweise noch munitionsbelastet waren, fehlte jede Infrastruktur. Bei der Gründung führte nur ein einziger Wanderweg, der „Rennstieg", über das Plateau, der selbst bei den Anwohnern weitgehend unbekannt war, erst recht außerhalb Thüringens. Auch in Meyers Reiseführer „Thüringen" wurde der Hainich noch in der 16. Auflage von 1902 mit keiner Silbe erwähnt.

Wer heute den Nationalpark erkunden will, hat 20 attraktive Rundwanderwege und Erlebnispfade mit einer Strecke von über 120 km zur Verfügung. In Kombination mehrerer Wege kann man mühelos Halb- oder Ganztagswanderungen zusammenstellen. Bis auf den Waagebalkenweg und den Rennstieg sind alle Wege als Rundwege angelegt. Die beiden letztgenannten queren den Nationalpark und laufen durch den gesamten Hainich. Der Waagebalkenweg hat eine Gesamtlänge von 42 km, wovon etwa 20 km über die Flächen des Nationalparks verlaufen. Der „Rennstieg" – nicht zu verwechseln mit dem „Rennsteig" des Thüringer Waldes – ist der wohl bekannteste Wanderweg im Hainich.

Er erstreckt sich auf einer Länge von 30 km von Eigenrieden bis Behringen. Davon verlaufen 8 km im Nationalpark. Der erst 2012 eröffnete Hainichlandweg geht weit über den Nationalpark hinaus und erschließt mit einer Länge von rund 130 km in sieben Tagesetappen auch einen Großteil des abwechslungsreichen Umfeldes. Radfahrer kommen ebenfalls auf ihre Kosten: Mehr als 40 km Strecke kann man auf markierten Radwanderwegen im Nationalpark zurücklegen. Zwei Fernradwanderwege queren den Nationalpark. Auch die Fahrt im Kremserwagen oder das Reiten ist auf bestimmten Wegen möglich.

## Wanderungen durch die Welterbefläche

Um die Welterbeflächen im Zentrum des Nationalparks kennenzulernen, bieten sich zwei gut ausgeschilderte Rundwanderwege an: Saugrabenweg und Sperbersgrundweg.
An den Ausgangspunkten mit Wanderparkplätzen sind Informationen und eine Übersichtskarte zu finden. Daneben gibt es Wanderkarten in unterschiedlichen Maßstäben im Buchhandel oder in den Nationalparkinformationsstellen.

## Wanderweg Saugraben

Der Wanderweg Saugraben ermöglicht einen schönen Überblick über die unterschiedlichen Waldentwicklungsstadien im Nationalpark, vom Offenland über Gebüsche und Jungwald hin zu den Altbeständen im UNESCO-Welterbe-Gebiet. Der Abschnitt durch das Brunstal gehört zu den landschaftlich schönsten Bereichen im Nationalpark mit seinen urwaldartigen Waldbildern.

Ausgangspunkt:
Der Parkplatz „Am Zollgarten" liegt 1,8 km südlich von Kammerforst. Die Route kann auch vom Parkplatz „Fuchsfarm" aus begangen werden, der sich 2 km südwestlich von Mülverstedt befindet. Vom Parkplatz läuft man in südwestlicher Richtung entlang großer Jungwaldflächen.

Entfernung, Wegverlauf und Schwierigkeitsgrad:
Der Weg ist 10 km lang und kann von beiden Parkplätzen aus in ungefähr 3 Stunden erwandert werden. Festes Schuhwerk wird empfohlen, da an manchen Stellen nach feuchtem Wetter Teile des Weges nass oder auch schlammig sein können.
Der Wanderer verlässt den Parkplatz „Am Zollgarten" in Richtung Waldrand. Die Bezeichnung „Am Zollgarten" geht auf das ehemalige Zollhaus am Sauberg zurück. Am Weg ist ein Hinweisschild zu finden. Vom Waldrand aus gleitet der Blick auf die ehemaligen Schießbahnen, die sich nach der Aufgabe der Beweidung allmählich wieder zu einem Laubmischwald entwickeln. Das geschieht schrittweise und langsam. Dichtfilzige Grasfluren mit Distel, Wilder Karde, Wegwarte und Johanniskraut werden von Gebüschstadien aus Schlehe und Rosen abgelöst. Ihnen folgen Eschen-Jungwälder, in denen schon einzelne Buchen wachsen. Der Wanderer bewegt sich nun oberhalb des Saugrabens, bis der Weg nach links durch Eschen-Jungwald über die Triftchaussee in einen strukturreichen Laubmischwald führt. Im zeitigen Frühjahr bergen diese lichten Bestände große Vorkommen des Blassen Knabenkrautes, einer bundesweit seltenen Orchidee. Der Weg schlängelt sich nun vorbei an stehendem und liegendem Totholz bis ins Brunstal, wo er die Welterbefläche erreicht. Abgestorbene oder vom Sturm umgeworfene Bäume sind Kennzeichen der natürlichen Waldentwicklung. Im Frühjahr ist das Brunstal von einem zarten Teppich von Tausenden Märzenbechern gesäumt, denen weitere Frühblüher folgen. Den Abschluss bilden die weißen Teppiche des Bärlauchs. Ist er verblüht, hält der Sommer Einzug. Stellenweise hat sich das Wasser nach starken Regenfällen und der Schneeschmelze über drei Meter tief in den Talgrund eingegraben. Hier wachsen neben

Die Hüte des Schuppigen Porlings werden bis zu 40 cm breit und sind beliebte Fotomotive.

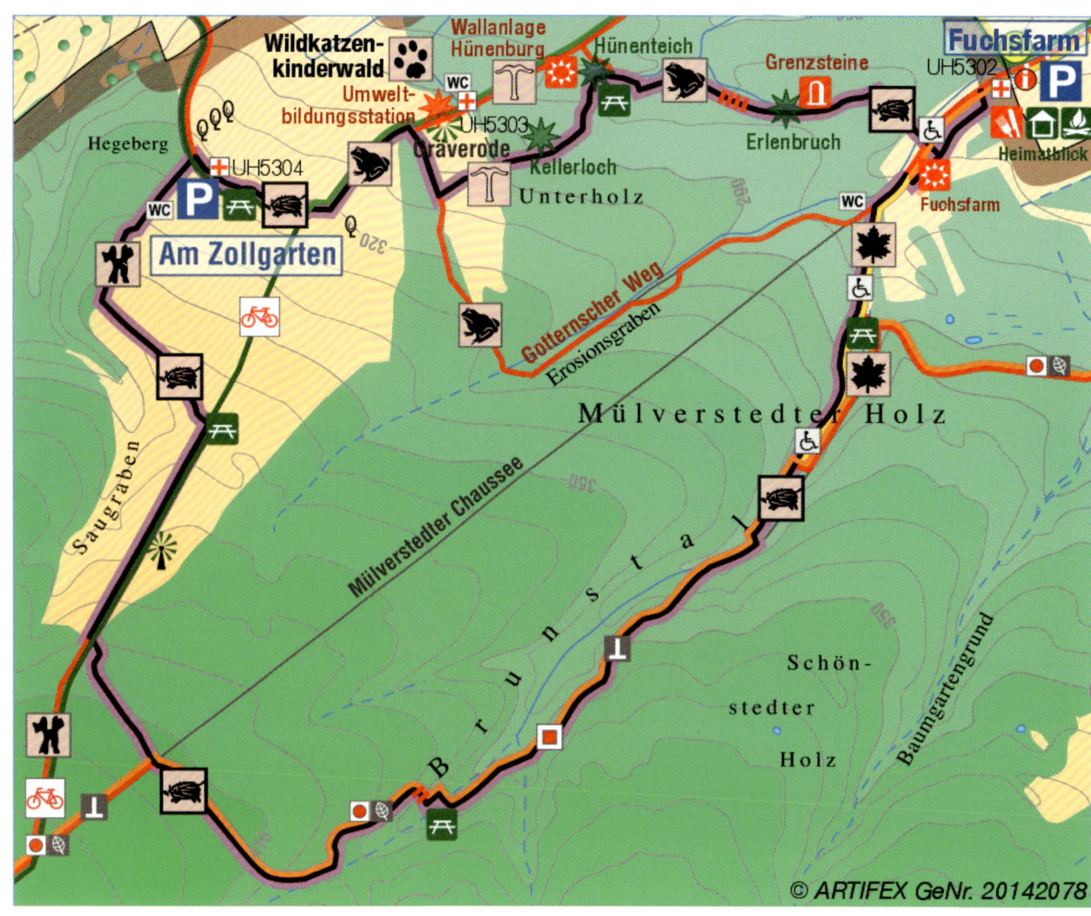


der Buche vermehrt auch Esche, Berg- und Spitzahorn. Besondere Vorsicht und Achtsamkeit erfordert der nächste Wegabschnitt, da die seltene Wildkatze im Tal verschiedene Schlupfwinkel und Ruheplätze hat. Sie lebt sehr zurückgezogen und versteckt. Meist schläft sie tagsüber und jagt nachts. An der Triftchaussee angekommen biegt der Wanderer nach rechts und gelangt zum Gelände der ehemaligen Fuchsfarm. Hier stand einst ein großes landwirtschaftliches Anwesen, wo ab 1930 eine Pelztierzucht betrieben wurde. Mit der Einrichtung des Übungsplatzes wurden alle Gebäude abgerissen. Heute erinnern nur noch eine Tafel und einige überwachsene Grundmauern an die wechselvolle Geschichte dieses Ortes. Auf der kleinen Kreuzung neben der Streuobstwiese zweigt der Wanderweg Saugraben nach links zum Parkplatz „Am Zollgarten" oder er führt gerade weiter zum Parkplatz „Fuchsfarm" mit einer Imbissmöglichkeit. Die Streuobstwiese ist zu jeder Jahreszeit sehenswert. Grün-, Grau- und Mittelspecht sind hier ganzjährig anzutreffen, während der Brutzeit auch der Wendehals. Im Frühling von Tausenden Blüten verzaubert, reifen über Sommer und Herbst die Früchte – zuerst Kirschen, später dann Birnen und Äpfel – und im Winter stehen kahl und erstarrt knorrige Baumgestalten in der Fläche. Vom Parkplatz „Fuchsfarm" aus durchschreitet man eine Streuobstwiese und biegt an der Kreuzung nach rechts ab. Über die Triftchaussee führt der Weg in den Wald, vorbei an einem Erlenbruch bis zum Hünenteich. Von hier geht es bergauf zu den Wällen der Hünenburg, einem versteckt im Wald gelegenen Zufluchtsort der Anwohner im Mittelalter. Vorbei am „Kellerloch", einem markanten Erdfall, geht es hinaus ins Offenland, das zuletzt als Schießbahn genutzt worden ist. An der Stelle, wo man den Wald verlässt, befand sich einst die Dorfstelle Graurode. Für das Umfeld des Hainich werden etwa 40 aufgegebene Siedlungen beschrieben. Die Mehrzahl, so auch Graurode, entstanden im 9. und 10. Jahrhundert und waren bis Mitte des 14. Jahrhunderts bewohnt. Zum Wüstwerden trugen hauptsächlich Pestepedemien, unfruchtbare Böden und Wassermangel bei. Durch einen Jungwald kommt man wieder zum Parkplatz „Am Zollgarten", wo sich die Runde schließt. Die Gemeinde Kammerforst, nahe dem Parkplatz „Am Zollgarten" gelegen, bietet dem Interessierten Wissenswertes über den Hainich in der Nationalparkinformationsstelle im Obergut sowie Stärkung in einem der beiden Gasthöfe.

## Sperbersgrundweg

Der „Sperber" bezeichnet ein Tal entlang des Weges. Auf den Feldern und Wiesen um Craula sind aber eher Rotmilan und Mäusebussard zu beobachten. Der Weg verläuft fast vollständig innerhalb der Welterbefläche. Besonders im Langen Tal sind an den Hängen schon sehr urwaldartige Waldbilder zu sehen. Am Wartburgblick grenzen Jungwälder an die Altbestände.

Ausgangspunkt:
Der Parkplatz „Craulaer Kreuz", etwa 2 km westlich von Craula.

Geführte Wanderungen erfreuen sich großer Beliebtheit.

Entfernung, Wegverlauf und Schwierigkeitsgrad:
Der Weg ist 5,5 km lang und überwindet z. T. mit Treppen größere Höhenunterschiede, die für den Hainich eher untypisch sind. Für die Strecke benötigt man etwa 2 Stunden.

Vorbei am Craulaer Kreuz führt der Weg nach einigen Metern links durch einen baumartenreichen Mischbestand zunächst auf einen breiten Forstweg. Über eine kleine Brücke verlässt der Wanderer diesen Weg wieder und kommt in das Lange Tal. Der Oberlauf des Langen Tals beginnt im Zusammenlauf von zwei kleinen Seitentälchen. Anfangs hebt sich noch deutlich das trockene Bachbett ab, aber nach und nach verliert es sich. Buchen bestimmen hier das Waldbild, vereinzelt sind Bergahorne an ihrer abblätternden, schuppigen Rinde zu erkennen. In den aufgelockerten Bereichen kämpfen kleine Buchen und Eschen ums Licht. Hier zeigt sich die natürliche Dynamik des Waldes: Selbst auf den Stämmen erwacht neues Leben. Neben Moosen, Flechten und Pilzen können durchaus auch kleine Baumkeimlinge entdeckt werden.
Der Wurzelteller einer Buche öffnet den Blick in den Untergrund: Die Wurzeln konnten das Kalkgestein nicht durchdringen und durchwurzelten den Boden nur oberflächlich. Im breiter werdenden Talgrund fallen die tief eingeschnittenen Blätter oder gelben Blüten einer Waldbodenpflanze auf. Der Gelbe Eisenhut ist eine der wenigen Pflanzen des Laubmischwaldes, die fast das ganze Jahr zu sehen ist – schon im April sind frisch ausgetriebene Blätter zu entdecken, von Juni bis August fallen hellgelbe Blüten ins Auge und bis in den November hinein kann man Stängel mit Balgfrüchten finden. Im Volksmund wird die Pflanze auch Wolfs-Eisenhut genannt, was auf ihre giftige Wirkung hinweist. Sie wurde u.a. zum Vergiften von Wölfen genutzt. Vom Langen Tal geht es über eine 100-stufige Treppe den Muschelkalkhang des Sperbersgrundes hinauf. Der Sperbersgrund ist eines von mehreren, den Muschelkalkzug durchziehenden Tälchen. Im feuchteren Talgrund wachsen verstärkt Eschen und Ahorne, entlang der Talkante dominieren die Buchen. Immer wieder bestimmen umgestürzte Stämme – liegendes und stehendes Totholz, bizarr mit Zunderschwamm bewachsen – das Waldbild. Den Muschelkalkrücken entlang, um einen Talausläufer des Sperbersgrundes herum, kommt man zu einer toten und zugleich lebendigen Buche. Vor einigen Jahren im Stammbereich gebrochen, von Insekten zerfressen, von Spechten ausgehöhlt, von Pilzen zersetzt, treibt die Buche unterhalb der Bruchstelle einen neuen Ast. Nur wenige Zentimeter lebendige Verbindung von der Wurzel zur Krone reichen dem Baum zum Überleben. Etwas unterhalb der Buche biegt der Weg nach links ab und führt durch einen Jungwald aus

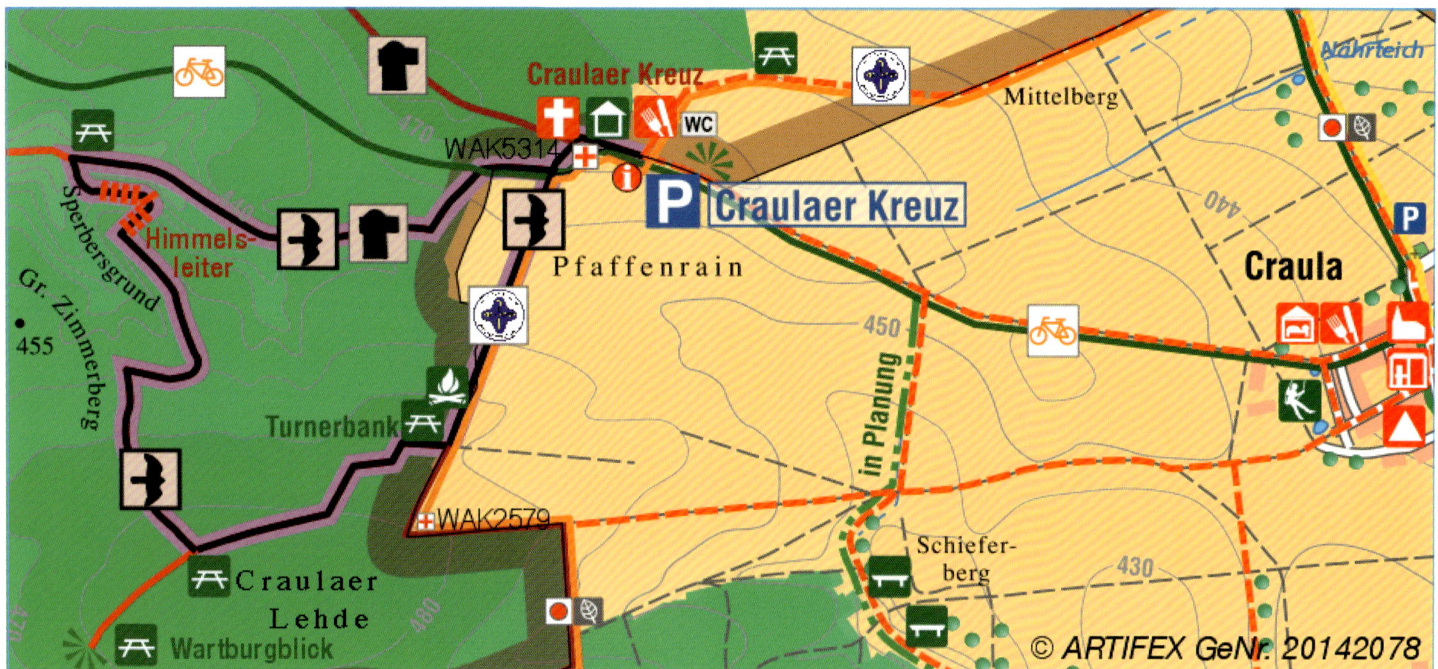


Eschen und Buchen, in dem nur noch einige Altbuchen an die einstige Urtümlichkeit erinnern, bis zur Wendeschleife „Maßholder" – eine ortstypische Bezeichnung für Feldahorn. Nun geht es nach rechts zu einem kleinen Abstecher auf den Kindel: zum „Wartburgblick". Von hier genießt man einen weiträumigen Blick über die Wiederbewaldungsflächen des Kindel, auf die Berge des Thüringer Waldes und auf die Wartburg. Bis 1991 nutzte die Sowjetarmee diese Flächen für den Militärbetrieb. In Mitteleuropa einmalig kann hier nun die Entwicklung des Waldes auf riesigen Sukzessionsflächen beobachtet werden.
Zurück und vorbei am „Maßholder" geht es am Waldrand entlang, den wiederum der Wechsel von Totholz- und Waldverjüngung prägt, am Rand einer Fichtendickung vorbei bis zur Turnerbank. Von der Turnerbank, ursprünglich 1928 vom Turnverein Craula aufgestellt, erblickt man rechter Hand den Alten Berg, die mit 494 m höchste Erhebung des Hainich. Kurz hinter der Turnerbank war wenige Meter vom Waldrand entfernt der Stumpf einer mächtigen Buche zu finden, mittlerweile vollständig zersetzt. Trotzdem lässt dieser moosbewachsene Koloss noch erahnen, was für ein Riese hier einst stand. Diese Buche war mit 1,65 m Durchmesser die dickste ihrer Art im Nationalpark. Der Weg führt nun entlang der Nationalparkgrenze und damit am Rand der Kulturlandschaft zurück zum Parkplatz „Craulaer Kreuz".
Das Offenland um Craula, heute von intensiver landwirtschaftlicher Nutzung geprägt, bietet eine einzigartige Attraktion: den Wacholderhög, ein Kulturrelikt jahrhundertelanger traditioneller Schafbeweidung. An den steilen, mit Wacholder bewachsenen Hängen blinken im Frühjahr gelb die Himmelsschlüssel, im Sommer leuchten die blauen Fransenenziane und noch im Herbst bestechen Silberdisteln in stacheliger Schönheit.
Craula, das Dorf auf dem Berg, weist mit dem Waidmühlenstein im Ortskern auf eine alte Tradition hin. Hier wurde Färberwaid auf den Feldern angebaut und in der dorfeigenen Waidmühle verarbeitet. Der Färberwaid ist eine gelb blühende, bis 150 cm hohe Pflanze aus der Familie der Kreuzblütengewächse (wie z. B. Raps). Im Mittelalter hatte der Färberwaid eine enorme Bedeutung, da er zum Blaufärben von Stoffen genutzt wurde. Thüringen war dabei eines der Hauptanbaugebiete in Mitteleuropa und Handelsstädte wie Erfurt wurden dadurch reich.

## Erlebniseinrichtungen in und am Nationalpark

Gleich mit Gründung des Nationalparks sind neben der Planung von Wander- und Radwegen auch erste Ideen für die Einrichtung von Erlebnispfaden entwickelt worden. Ganz bewusst sollten Familien bzw. Kinder angesprochen werden. Strategie war es von Beginn an, keine Lehr-, sondern Erlebnispfade anzulegen, um durch das aktive Einbeziehen der Besucher ein Naturverständnis zu vermitteln. Beginnend am Wanderparkplatz Mallinde wurde bereits im Jahr 2000 der „Erlebnispfad Silberborn" angelegt. Über 2 km schlängelt er sich auf der Westseite des Nationalparks oberhalb des Langen Tals entlang. Neben dem „Erlebnispfad Brunstal" entstand als jüngster Pfad der „Märchennaturpfad Feensteig" bei Weberstedt. Über Märchentexte

können sich die Besucher selbst geheime Zugänge zum Feensteig erschließen. Vierzehn Stationen warten mit besonderen Naturobjekten, Aufgaben oder Prüfungen auf den Besucher.

Der „Wildkatzenkinderwald", entstanden in den Jahren 2001 und 2002, ist ein Waldspielplatz der besonderen Art. Harmonisch eingefügt in die Landschaft, im lichten Schatten von Altkiefern und in fast undurchdringlichen Buchendickungen entstand ein großzügig angelegtes Erlebnisgelände für große und kleine Kinder mit kreativ gestalteten, nicht alltäglichen Spielelementen zum Toben, Turnen oder Verstecken. Kunstvoll gestaltete Waldgeister erlauben das fantasievolle Erleben der Natur im Nationalpark.

In Ergänzung zum „Wildkatzenkinderwald" wurde zu den Nationalparktagen 2006 die Umweltbildungsstation eröffnet. Dort stehen Spiel und Erlebnis im Mittelpunkt. Dieser helle und mit viel Liebe zum Detail ausgestaltete Raum wurde unter anderem mit einer Bühne und einer großen Galerie versehen. Darunter befinden sich eine kleine Ruhezone und das Wildkatzen-Labyrinth. An den Wänden sind Wildtierspuren und echte Fossilien zu sehen. Ein Forscherraum bietet vielfältige Möglichkeiten, die praktischen Tätigkeiten im Wald durch theoretische Lehreinheiten, kleinere Experimente und Forscheraufträge zu ergänzen. Eine Verbindung zwischen der Umweltbildungsstation und dem Nationalpark wird durch das Grüne Klassenzimmer hergestellt. Die Idee des Grünen Klassenzimmers besteht darin, den Unterricht möglichst realitätsnah zu gestalten. Es handelt sich um einen Parcours mit Stationen, die als Einzelpunkte angelaufen oder als Exkursion miteinander verbunden werden können. An den Stationen (z. B. Baumarten, Licht und Schatten, Totholz) werden Mosaiksteine herausgegriffen und betrachtet. Die „Zimmer" greifen ineinander, alle zusammen ergeben ein schlüssiges Gesamtbild.

*„Bäume sind Heiligtümer. Wer ihnen zuzuhören weiß, der erfährt die Wahrheit."*
Hermann Hesse

**Linke Seite:** Aus einer einst militärisch genutzten Halle entstand eine moderne Umweltbildungsstation (UBIS).
**Rechts:** „Tor zum Hainich" – Wanderung auf dem Märchenpfad Feensteig
**unten:** Mächtige Buche im Grünen Klassenzimmer

## Barrierefreiheit – Angebote für Menschen mit Behinderungen

Nicht allen Menschen ist es möglich, sich uneingeschränkt in der Natur zu bewegen und sie selbstständig zu entdecken. Körperlich eingeschränkten Personen, Sehbehinderten oder Rollstuhlfahrern bleibt dieses Erlebnis meist verwehrt. Aus diesem Grund hat es sich der Nationalpark Hainich zum Ziel gesetzt, durch verschiedene barrierefreie Angebote auch diesen Menschen die Möglichkeit zu geben, die Natur hautnah erleben zu können. So gibt es im Brunstal den barrierefreien „Pfad der Begegnung", der durch die besondere Wegebeschaffenheit für Rollstuhlfahrer selbstständig befahrbar ist. Zusätzlich ist dieser Weg durch ein Leitsystem und eine Beschilderung in Brailleschrift für Blinde eigenständig erlebbar. Ebenso ist der Besuch des Märchennaturpfades Feensteig bei Weberstedt für Rollstuhlfahrer geeignet. An der Thiemsburg gibt es den barrierefreien Wanderweg „Waldpromenade" und der Baumkronenpfad ist dank eines Fahrstuhls für Gehbehinderte und Familien mit Kinderwagen zugänglich. Auch der Erlebnispfad Silberborn ist barrierefrei. Bei dem Aufbau und der Gestaltung der Homepage des Nationalparks wurde ebenfalls darauf geachtet, dass sie von möglichst vielen Menschen genutzt werden kann: durch die Verwendung einer großen Schrift in einfacher Sprache. Das beispielhafte Engagement des Nationalparks Hainich, die Natur auch Menschen mit körperlichen Einschränkungen zugänglich zu machen, wurde auch in der Region um den Nationalpark aufgegriffen. So gibt es z. B. das barrierefrei umgebaute Schlosshotel in Behringen. Das 3-Sterne-Haus ist für Menschen jeglicher Behinderung zugänglich und hat sich speziell auf deren Bedürfnisse eingestellt. Auch die Vogelschutzwarte Seebach (Fachtafel S. 130) ist barrierefrei zugänglich gemacht worden.

**Oben:** Rollstuhlfahrer im Brunstal
**Unten:** Nationalparkinformationsstelle auf dem Harsberg

Baumhäuser in der Jugendherberge Urwald-Life-Camp – Besuch des Bundespräsidenten Horst Köhler und der Thüringer Ministerpräsidentin Christine Lieberknecht 2010.

## Jugendherberge „Urwald-Life-Camp" auf dem Harsberg

Die Jugendherberge Harsberg bietet durch ihre Lage am Rand des Nationalparks Hainich, innerhalb des Naturparks Eichsfeld-Hainich-Werratal und unweit des idyllischen Werratals ideale Voraussetzungen für einen naturnahen und bildungsorientierten Aufenthalt für Reisegruppen jeden Alters. Der Nationalpark, der Naturpark und die Jugendherberge bilden gemeinsam das „Urwald-Life-Camp". Mit seiner erfolgreichen Zusammenarbeit zwischen dem Deutschen Jugendherbergswerk und den Nationalen Naturlandschaften hat dieses Projekt bundesweit, vielleicht sogar europaweit, ein besonderes Alleinstellungsmerkmal. Neben einem neuen Umweltspiel namens NAKUNDU wurden weitere Räumlichkeiten für die Umweltbildung geschaffen. Innovative Wohn- und Unterkunftsformen bieten einen naturnahen Aufenthalt für die Gäste. Der „Urwald mitten in Deutschland" ist nur wenige Meter entfernt, ein 2013 eröffneter „Urwaldpfad" vermittelt interessante Einblicke. Hier findet der Besucher naturbelassene Wälder, einen Hauch von wildem Abenteuer, aber auch Ruhe und Raum für eigene Naturerfahrung. Auf dem Gelände der Jugendherberge befindet sich seit 2007 eine Nationalparkinformationsstelle.

Ausblick vom Baumkronenpfad auf die herbstlich bunten Laubwälder.

## Artenvielfalt in Baumkronen

Baumkronen sind auch heute noch ein weitgehend unbekannter Lebensraum. In der Vergangenheit haben sich viele Untersuchungen im Wald nur am oder im Waldboden abgespielt, der Kronenraum wurde trotz seiner enormen Raumausdehnung und der großen Oberflächen weitgehend ausgespart. Grund hierfür war die erschwerte Zugänglichkeit.

Erste Untersuchungen zur Fauna der Baumkronen haben gezeigt, dass sich dort völlig andere Verhältnisse als am Boden oder im Stammraum ergeben. Manche Arten, die auf dem Waldboden dominant sind, fehlen oder spielen im Kronenraum keine große Rolle und umgekehrt.

Viele ökologische Nischen sind Voraussetzung für die Artenvielfalt in den Baumkronen. Für alle Klein- und Kleinstlebensräume des Kronenraumes gibt es Spezialisten. Moose und Flechten bieten Versteck und Nahrung für die Tiere und erzeugen ein spezielles Mikroklima und Kleinlebensräume. Morsche Äste sind die Kinderstube verschiedener Käferarten. Eine ganze Reihe von Vogelarten legt ihre Nester bevorzugt in den Baumkronen an. Dort sind auch die mächtigen Horste von Mäusebussard, Rotmilan und Kolkrabe zu finden. Der Kronenraum ist reich an Insekten: Bienen und Wespen, einige Heuschreckenarten, Schmetterlinge, Käfer, Florfliegen, Zikaden und Schwebfliegen, hinzu kommen Raupen und Larven vieler Arten.

Im Nationalpark Hainich erfolgten in den letzten Jahren Untersuchungen in den Baumkronen, die z. B. Erstnachweise von Spinnen und Zweiflüglern für Thüringen erbracht haben. Auch auf dem Baumkronenpfad gelangen einige spektakuläre Funde, z. B. der Nachweis einer noch völlig unbekannten Trauermückenart. Der Baumkronenpfad bietet also nicht nur den Besuchern ein außergewöhnliches Naturerlebnis, sondern ermöglicht auch, den Lebensraum „Baumkronen" besser zu erforschen.

**Oben** und **Mitte:** Ranger im Einsatz an der Thiemsburg.
**Unten:** Eröffnung der Sonderausstellung „Ein Wald im Wandel" im Nationalparkzentrum Thiemsburg.

## Baumkronenpfad und Nationalparkzentrum Thiemsburg

In einen für Menschen sonst unzugänglichen Bereich – hoch hinauf in das Blätterdach des Waldes – führt der im August 2005 eröffnete und im Mai 2009 verlängerte Baumkronenpfad. Den Ausblick über den „Urwald mitten in Deutschland" und das Thüringer Becken genießen, in großer Höhe den Blick in die Wipfel des Buchenwaldes wagen, durch Urwaldbaumkronen schlendern und Unbekanntes erleben: Auf dem Baumkronenpfad können kleine und große Entdecker, Wissbegierige und Wagemutige einen ganz besonderen Ausflug in die Wälder des Nationalparks unternehmen.

Unter dem Motto „Urwaldbaumkronen – der vielfältigste Lebensraum der Erde" ist das Umweltbildungskonzept für den Baumkronenpfad entwickelt worden. Auf den über 500 Metern des Pfades bewegt sich der Besucher durch die verschiedenen Etagen des Waldes. Ruhezonen auf dem Pfad laden nicht nur zum Entspannen ein: Hier erwarten den Besucher die Bewohner des Urwaldes, wie Fledermaus, Mittelspecht oder Wildkatze, mit Geschichten, Spielen und Rätseln. Im unbekannten und wilden Wald kann man in 21 m Höhe in den Kronen mächtiger Buchen Wissenswertes zur Rolle der Rotbuche in Europa erfahren.

Die grundlegende Idee für den Baumkronenpfad ist eng mit der Zielsetzung des Nationalparks verbunden, Umweltbildung und Forschung zu betreiben, aber auch einer umweltschonenden naturnahen Erholung und der Entwicklung des Fremdenverkehrs zu dienen. Der Wald soll von einer ganz anderen Seite bzw. aus einem anderen Blickwinkel als Lebensraum gezeigt werden. Durch neue, ungewohnte Perspektiven soll es gelingen, beim Besucher Interesse für den „Urwald mitten in Deutschland", aber auch für die Hainichregion zu wecken. Nicht zuletzt ermöglicht es dieser Pfad, die Erforschung der Baumkronen im Hainich fortzuführen und Ergebnisse in verständlicher Form für den Besucher aufzubereiten.

Der Baumkronenpfad mit seinen spannenden Erlebnismöglichkeiten hat die Besucherzahlen im Nationalpark stark ansteigen lassen. Schon knapp zwei Jahre nach der Eröffnung im August 2007 konnte der 500.000 Besucher begrüßt werden. Das Interesse ist ungebrochen: Ende 2022 waren es schon mehr als 3 Millionen Besucher. Der Baumkronenpfad ist für die touristische Entwicklung der Hainichregion, aber auch für die Umweltbildungsarbeit des Nationalparks ein großer Gewinn. Direkt am Weg vom Parkplatz zum Baumkronenpfad befindet sich das „Nationalparkzentrum Thiemsburg". Im Mittelpunkt steht die rund 600 m² große Ausstellung „Entdecke die Geheimnisse des Hainich" und der Lebensraum Wald mit der im Hainich so bedeutsamen Buche. Die Ausstellung geht so interessanten Fragen nach, wie z. B.:

Was hat es mit der Artenvielfalt im Hainich auf sich?
Wieso ist der Hainich für Vögel so wichtig?
Wie ist der aktuelle Stand der Biodiversität weltweit?
Welche Auswirkungen hat der Klimawandel auf den Hainich und auf die Artenvielfalt?
Warum ist der Hainich Welterbe?

Die Ausstellung spannt einen Bogen vom kleinen Nationalpark Hainich zu globalen Phänomenen, die weltweit alle Menschen betreffen. Sie soll mit ihren wohldurchdachten und interessanten Präsentationen, z. B. mit einer Anzeigetafel für Zugvögel und ihrer Flugbewegungen oder einem Tresor zum Artenreichtum, nachdenklich machen und auch nachhaltiges Handeln fördern. Zu finden ist u.a. ein „Liebesnest", ein Schnupperbaumkronenpfad, eine Kuschelecke mit Geschichten erzählenden Eiern sowie speziell für Kinder eine Bastel-, Spiel und Experimentierplattform. Wer wissen möchte, was ein „ökologischer Fußabdruck" ist, erfährt es in der Ausstellung, kann seinen eigenen ausrechnen lassen und sogar als Ausdruck mitnehmen. Eine Wurzelhöhle stellt das verborgene Leben unter unseren Füßen vor.

## Alles für die Katz – Das Wildkatzendorf Hütscheroda

Seit März 2012 kann der Besucher der Hainichregion echte Wildkatzen erleben, denn eine der häufigsten Fragen war bisher „Wo kann ich denn eine Wildkatze sehen?" In Broschüren, auf Postern und in Veröffentlichungen taucht die Wildkatze als Symboltier für den Nationalpark Hainich zwar überall auf, in der Natur ist sie aber aufgrund der heimlichen, nachtaktiven Lebensweise nur mit sehr viel Glück zu entdecken. Schon vor einigen Jahren entstand daher der Gedanke, Wildkatzen in einem naturnahen Gehege zu zeigen. Hieraus entwickelte sich die Idee des Wildkatzendorfes Hütscheroda, das in Zusammenarbeit von Kommunen, Verbänden und der Nationalparkverwaltung entstand.

Kommt man von der B 84 in das kleine Dorf Hütscheroda bei Behringen, unmittelbar an der Nationalparkgrenze gelegen, findet man am Ortsrand einen Wanderparkplatz. Von dort ist es nicht weit zur Wildkatzenscheune, einer Informationsstelle mit sehenswerter Ausstellung. Hier kann man nicht nur seine Eintrittskarte für das Wildkatzengehege erwerben, sondern erfährt mit Filmen, Karten und interaktiven Elementen viel über das Leben der Wildkatze und was es mit dem Projekt „Rettungsnetz Wildkatze" des BUND Deutschland auf sich hat. Von der Wildkatzenscheune sind es nur wenige Hundert Meter zu einer Schauanlage.

Vier Wildkatzen, alle aus Zoos, sind auf der sogenannten Wildkatzenlichtung zuhause. Der Besucher sollte nicht enttäuscht sein, wenn er die Tiere nicht sofort entdeckt.

Nach dem Besuch der Schauanlage bietet es sich an, auf dem rund 7 km langen Wildkatzenpfad zu wandern. Er führt in den Nationalpark hinein, direkt in den natürlichen Lebensraum der Wildkatze. Sie bevorzugt störungsarme Laubwälder mit ausreichend Jagd- und Versteckmöglichkeiten. Der Nationalpark Hainich mit seinen urwaldartigen Waldstrukturen bietet ihr einen idealen Lebensraum.
Von einem 20 m hohen Aussichtsturm aus Holz, der in den Jungwäldern des Kindel errichtet wurde, schweift der Blick über das Reich der Wildkatze weit hinüber bis zum Thüringer Wald, der Rhön und zur Wartburg. Besonders im Herbst ist die Aussicht auf den ehemaligen Übungsplatz, wo neuer Wald mit vielen Baumarten heranwächst, wegen der wunderschönen Laubfärbung sehr beeindruckend.

**Oben:** Seit 2019 ist hier auch der Luchs zu bestaunen.
**rechts:** Aussichtsturm Hainichblick – Höhepunkt am Wildkatzenpfad
**Linke Seite:** Besucherandrang bei der Fütterung auf der Wildkatzenlichtung.

## Wasserburg und Vogelschutzwarte Seebach

Unweit vom Nationalpark befindet sich seit über 100 Jahren die älteste Staatliche Vogelschutzwarte Deutschlands in der alten Wasserburg Seebach, umgeben von einerm zu Zwecken des Vogelschutzes eingerichteten Park. Seit 1993 ist sie eine Außenstelle des Thüringer Landesamt für Umwelt, Bergbau und Naturschutz. Park und Vogelschutzwarte mit modernen Ausstellungen lohnen einen Besuch. Hier wurde 1857 der spätere Nestor des Vogelschutzes in Deutschland, Sittich Hans Freiherr von Berlepsch, geboren. Angeregt durch die Stubenvogelhaltung seines Vaters, lernte er die Vogelwelt lieben. Nach verschiedenen Weltreisen widmete er sich dem Umfeld der Seebacher Burg, wandelte 1884–86 den Obstgarten in einen Landschaftspark um, entwickelte die nach ihm benannten Nisthöhlen nach natürlichen Vorbildern und leitete Lehrgänge zum Vogelschutz. Sein Lebenswerk„Der gesamte Vogelschutz, seine Ausführung und Begründung auf wissenschaftlich natürlicher Grundlage" ist noch immer lesenswert. 1933 starb der Altmeister des Vogelschutzes in Seebach.
Die Staatliche Vogelschutzwarte hat für Thüringen eine Vielzahl von Aufgaben zu erfüllen. Die Öffentlichkeitsarbeit für den Vogelschutz ist nur ein Teil davon. In modern konzipierten Vitrinen werden präparierte heimische Vögel in typischen Lebensräumen gezeigt – vom Buchenwald des Nationalparks Hainich über die offenen Feldfluren und Gärten bis hin zu Siedlungen. Ein weiterer Ausstellungsteil ist dem Wirken von Hans von Berlepsch und der Geschichte von Burg und Vogelschutz gewidmet.
Zielgerichtetes Monitoring und die Betreuung der wissenschaftlichen Vogelberingung ist ein Schwerpunkt der Arbeit. Auch die Pflege verletzter Vögel gehört zu den Aufgaben. In Freivolieren des Parks sind vor allem Greifvögel und Eulen zu sehen. Nach langer Pause brütet wieder der Weißstorch auf dem Dach der Burg.

**Oben:** In der Wasserburg Seebach befindet sich die älteste staatliche Vogelschutzwarte Deutschlands.
**Linke Seite von oben nach unten:** Der Vogelschutzpark mit Teich wurde von Hans Freiherr von Berlepsch eingerichtet und ist noch heute ein Vogelparadies. Der frei fliegende Schwarzstorch gehörte zu den einstigen Pfleglingen und blieb dem Ort Seebach lange treu. Das Wappen der Familie von Berlepsch.

## Der Hainich als Teil des Naturparks

Mit dem Welterbetitel und den Landesmitteln aus der Tourismusförderung hat die Hainichregion weiterhin gute Perspektiven für eine nachhaltige Entwicklung. „Mensch und Natur gehören zusammen" – das ist der Leitsatz der Naturparke. Der Hainich ist Teil des rund 86.000 ha großen Naturparks Eichsfeld-Hainich-Werratal, der sich diesem Leitsatz einer nachhaltigen Entwicklung verpflichtet sieht. Hierzu zählen z. B. die Förderung regionaler Wirtschaftskreisläufe, die Vermarktung regionaler Produkte wie Ziegenkäse oder Apfelsaft aus Streuobstwiesen und ein Beitrag zum Klimaschutz. Der Naturpark erhielt 2006 die Auszeichnung „Qualitäts-Naturpark". Eingestreut in den Naturpark finden sich verschiedene Naturschutzgebiete, wo z.B. durch die Fortführung der Schafbeweidung bestimmte Arten und Lebensräume erhalten werden sollen. Auch damit wird ein wichtiger Beitrag zum Erhalt der Biodiversität geleistet. Völlig unbewirtschaftete Flächen, wie z. B. im Nationalpark, nehmen im Naturpark nur einen sehr geringen Anteil ein. Hier sollten aber Pflegemaßnahmen für Natura 2000-Gebiete konzentriert werden.

Durch das Zusammenwirken der Menschen in der Region ist viel entstanden: ob der Baumkronenpfad mit Nationalparkzentrum an der Thiemsburg, die Nationalparkgemeinde Weberstedt mit ihren vielen Attraktionen, das Wildkatzendorf Hütscheroda, das Germanische Opfermoor am Mittelpunkt Deutschlands in Niederdorla, die Modernisierung der Ausstellungen in der Vogelschutzwarte Seebach oder die Jugendherberge auf dem Harsberg – alle bestehenden und weitere in der Planung befindlichen Projekte sind wichtige Elemente in einem Gesamtkonzept. Wenn es den Akteuren auch künftig gelingt, Bewährtes fortzusetzen und gemeinsam neue Projekte zu entwickeln, werden das Land um den Hainich und die hier lebenden Menschen weiterhin von dieser Entwicklung profitieren.

Blick von den Dieteröder Klippen.
**Untere Reihe von links nach rechts:** Alte Werrabrücke mit Liborius-Kapelle bei Creuzburg, Frauenschuh – eine unserer schönsten Orchideen, Bootsfahrt auf der Werra

## Welterberegion Wartburg Hainich

Das Land rings um den Hainich hat in den zurückliegenden 25 Jahren seit der Ausweisung des Nationalparks eine erstaunliche Entwicklung genommen. Für den Hainich und die gesamte Region bringt das Qualitätssiegel „Welterbe" deutliche Vorteile für die nachhaltige touristische Entwicklung. Mit dem zweifachen Welterbetitel hat die Region deutschlandweit eine Besonderheit aufzuweisen. Nahe beieinander liegen die Wartburg, von der UNESCO 1999 zum Weltkulturerbe ernannt, und der Hainich als Weltnaturerbe. Nicht von ungefähr wurde daher die Region 2012 mit ihrem Konzept „Hainichland – aktiv in der Welterberegion" der Gewinner eines Wettbewerbs um das beste Tourismus-

Eine gegliederte Kulturlandschaft verbindet die beiden Welterbestätten – die Wartburg am linken Bildrand krönt den abendlichen Horizont.

konzept. Die Kommunale Arbeitsgemeinschaft Hainich-Werratal erhielt ein auf drei Jahre verteiltes Preisgeld, das es ermöglichte, in die Infrastruktur, Angebote und Dienstleistungen zu investieren und somit den Tourismusverband Hainichland zu stärken. 2014 wurde mit dem Themenjahr „UNESCO-Welterbe in Deutschland" die Chance genutzt, die beiden Welterbegebiete noch bekannter zu machen und über gemeinsame und interessante Angebote weitere Gäste zu gewinnen.

## Literatur


Bibelriether, H. (1991): Natur Natur sein lassen. In Prokosch, P. (Hrsg.): Ungestörte Natur – was haben wir davon? II. Internationales Wattenmeer-Symposium Husum. WWF-Tagungsberichte 6: 85–104.

Botzum, P. & R. Lämmerhirt (1995): Wüstungen im Hainichgebiet. Westthüringer Heimatschriften 5.

Brändli, U.-B. & J. Dowhantysch (2003): Urwälder im Zentrum Europas. Ein Naturführer durch das Karpaten-Biosphärenreservat in der Ukraine. Haupt Verlag.

Buchenwaldinstitut (2006): Machbarkeitsstudie für eine UNESCO-Welterbenominierung eines ausgewählten deutschen Buchenwaldclusters. Teilprojekt I: Fachwissenschaftlicher Teil. Studie im Auftrag des Bundesamtes für Naturschutz.

Bundesamt für Naturschutz (Hrsg.) (2006): Screening potenzieller deutscher Naturwerte für das UNESCO-Welterbeübereinkommen. BfN-Skripten 177.

Bundesamt für Naturschutz (Hrsg.) (2008): Naturerbe Buchenwälder – Situationsanalyse und Handlungserfordernisse. BfN-Skripten 240.

Bundesamt für Naturschutz (Hrsg.) (2011): Beech Forests. Joint Natural Heritage of Europe. BfN-Skripten 297.

Bundesamt für Naturschutz (Hrsg.) (2012): Beech Forests. Joint Natural Heritage of Europe (2). BfN-Skripten 327.

Ciais, P., M. J. Schelhaas, S. Zaehle, S. L. Piao, A. Cescatti, J. Liski, S. Luyssaert, G. Le Maire, E.-D. Schulze, O. Buriaud, A. Freibauer, R. Valentini & G. J. Nabuurs (2008): Carbon accumulation in European forests. Nature Geoscience 1: 1–4.

Flade, M. (1998): Neue Prioritäten im deutschen Vogelschutz – Kleiber oder Wiedehopf? Der Falke 45: 348–355.

Fritzlar, D. & H. Biehl (2006): Buchen-Plenterwald Hainich. Buchenzentrum Mühlhausen (Hrsg.), 40 S.

Fritzlar, F., A. Nöllert & W. Westhus (2011): Rote Listen Thüringens. Naturschutzreport Jena 26: 1–544.

Großmann, M. (2005): Tiere, Pflanzen und Pilze im Nationalpark Hainich – Stand und Bilanz der bisherigen Erfassungen. Landschaftspflege u. Naturschutz Thür. 42 (3): 92–97.

Großmann, M. (2011): „Alte Buchenwälder Deutschlands" sind Welterbe. Der Wald 66 (18): 18–21.

Großmann, M. & R. Biehl (2007): 10 Jahre Nationalpark Hainich – Auf dem Weg zum Urwald. Landschaftspflege u. Naturschutz Thür. 44 (4): 143–175.

Großmann, M., U. John, H. Th. Porada (Hrsg.) (2018): Der Hainich. Eine landeskundliche Bestandsaufnahme im Raum Mühlhausen, Bad Langensalza, Schlotheim, Großengottern, Mihla und Behringen. Landschaften in Deutschland Band 77, Böhlau-Verlag Köln Weimar.

Grün, G., R. Weise, J. Blank & S. Frick (2013): Die Vogelwelt im Unstrut-Hainich-Kreis.

Gutbier, H. (1894): Der Hainich. Langensalza (48 S.).

Hansen, M. C., P. V. Potapov, R. Moore, M. Hancher, S. A. Turubanova, A. Tyukavina, D. Thau, S. V. Stehman, S. J. Goetz, T. R. Loveland, A. Kommareddy, A. Egorov, L. Chini, C. O. Justice & J. R. G. Townshend (2013): High-Resolution Global Maps of 21st-Century Forest Cover Change. Science 342: 850.

Hendel, E. (2003): Untersuchungen zur Akzeptanz des Nationalparks Hainich bei der lokalen Bevölkerung. Diplomarbeit TU Dresden.

Henschel, U. & T. Stephan (1995): Der Thüringer Hainich – ein echter deutscher Wald. GEO 11: 62–82.

Henschel, U. & T. Stephan (2012): Grünes Wunder – Wälder in Deutschland. München.

Job, H. (2008): Wirtschaftsfaktor Großschutzgebiete: Regionalökonomische Effekte des Tourismus in Nationalen Naturlandschaften. Untersuchungsgebiet: Nationalpark Hainich. Abschlussbericht zum BMU-Forschungsprojekt (FKZ 806 82 030).

Klaus, S. (1996): Totes Holz bringt Vogelleben in den Wald. Der Falke 43: 100–105.

Klaus, S. (1997): Lutherbuche und Betteleiche – der Hainich. In Naturland Deutschland (Hrsg. v. H. Bibelriether). Stuttgart: Kosmos: 212–215.

Klaus, S. (2009): Vogelschutz in Laubwäldern – was bringt die Biodiversitätsstrategie? Landschaftspflege u. Naturschutz Thür. 46: 102–105.

Klaus, S. & E. Reisinger (1994): Der Hainich in Thüringen – vergessenes Laubwaldgebiet mitten in Deutschland. Nationalpark 83: 30–34.

Klaus, S. & E. Reisinger, unter Mitarbeit von R. Biehl, F. Fritzlar, R. Haupt, W. Hiekel, A. Nöllert, H. Wenzel, W. Westhus & J. Wiesner (1995): Der Hainich – ein Weltnaturerbe. Landschaftspflege u. Naturschutz Thür. 32 (Sonderh.): 1–32.

Klaus, S. & T. Stephan, unter Mitarbeit von R. Biehl, C. Kropik & E. Reisinger (1998): Nationalpark Hainich – Laubwaldpracht im Herzen Deutschlands. Arnstadt, Weimar: Rhino-Verlag.

Klaus, S. & G. Grün (1999): Die Vogelwelt des Nationalparks Hainich. Naturschutzreport 15: 99–122.

Klaus, S., W. Westhus, W. Hiekel & E. Reisinger (1999): Der Nationalpark Hainich schließt eine Lücke im Ensemble der deutschen Großschutzgebiete. Naturschutzreport 16: 143–158.

Klaus, S., E. Reisinger & R. Haupt (1999): Daten zur Entstehungsgeschichte des Nationalparks Hainich. Naturschutzreport 16: 167–172.

Klaus, S. & G. Sperber (2010): Wo Wald wild wächst – 40 Jahre Nationalpark Bayerischer Wald. Nationalpark 148: 4–9.

Klaus, S. & E. Reisinger (2010): Den Zauber der Wildnis erleben – der Nationalpark Hainich bietet attraktive Ziele. Nationalpark 149: 39–43.

Klett, B. (1924): Die Geschichte der Jagd und der Fischerei im Gebiet der ehemaligen freien Reichstadt Mühlhausen. Mühlhausen.

Knapp, H.-D. & A. Spangenberg (2007): Europäische Buchenwaldinitiative. BfN-Skripten 222.

Köbis, U. (2000): Untersuchungen zur Wald- und Forstgeschichte des ehemaligen Truppenübungsplatzes Kindel. Diplomarbeit FH für Forstwirtschaft Schwarzburg (unveröff.).

Korpel, S. (1995): Die Urwälder der Westkarpaten. Stuttgart (310 S.).

Leibundgut, H. (1981): Europäische Urwälder der Bergstufe. Bern (308 S.).

Lenkungsgruppe Buchenwälder (2009): Anmeldung „Alte Buchenwälder Deutschlands" als Erweiterung des Weltnaturerbes Buchenurwälder der Karpaten. Nominierungsdossier für die UNESCO zur Eintragung in die Welterbeliste.

Lyssaert, S., E.-D. Schulze, A. Börner, A. Knohl, D. Hessenmöller, B. E. Law, P. Ciais & J. Grace (2008): Old growth forests as global carbon sink. Nature 455: 213–215.

Mayer, H. (1984): Wälder Europas. Stuttgart, New York: Fischer-Verlag (691 S.).

Meister, G. & M. Offenberger (2010): Die Zeit des Waldes. Frankfurt/M. (311 S.).

Mölich, T. & S. Klaus (2003): Die Wildkatze *Felis silvestris* in Thüringen. Landschaftspflege u. Naturschutz Thür. 40 (Sonderh.): 109–134.

Mund, M., W. L. Kutsch, C. Wirth, T. Kahl, A. Knohl, M. V. Skomarkova & E. D. Schulze (2010): The influence of climate and fructification on the inter-annual variability of stem growth and net primary productivity in an old-growth, mixed beech forest. Tree Physiology 30 (6): 689–704.

Nabuurs, G.-J., M. Lindner, P. J. Verkerk, K. Gunia, P. Deda, R. Michalak & G. Grassi (2013): First signs of carbon sink saturation in European forest biomass. Nature Climate Change. Perspective. Published online 18. August 2013.

Nationale Naturlandschaften (Hrsg.) (2009): Anmeldung „Alte Buchenwälder Deutschlands" als Erweiterung des Welterbes Buchenwälder der Karpaten (185 S.).

Nationalpark Hainich (Hrsg.) (2012): Waldentwicklung im Nationalpark Hainich. Erforschen 3, 166 S.

Naturkundemuseum Erfurt (Hrsg.) (1996): Zum Hainich. Beiträge des Symposiums „Nationalpark Hainich" – Chance für Mensch und Natur. Erfurt (60 S.).

Naturschutzreport (TLUG Jena, Hrsg.) (1999): 90 Jahre Staatliche Vogelschutzwarte Seebach. Beiträge der Jubiläumsveranstaltung, Band 15 (140 S.).

Plachter, H., F. Gräff, P. A. Schmidt (2006): Machbarkeitsstudie für eine UNESCO-Welterbenominierung eines ausgewählten deutschen Buchenwaldclusters. Teilprojekt II: Strategisch-logistischer Teil. Studie im Auftrag des Bundesamtes für Naturschutz.

Remmert, H. (1990): Naturschutz. Heidelberg: Springer Verl.

Remmert, H. (1991a): Eine Lanze für den Buchenwald-Nationalpark. Nationalpark 4/91: 49–51.

Remmert, H. (1991b): The Mosaic Cycle Concept of Ecosystems – an Overview. Ecological Studies 85: 1–21. Berlin.

Remmert, H. (1994): Das Mosaik-Zyklus-Konzept und seine Bedeutung für den Naturschutz. Naturschutzreport 7 (1): 11–21.

Rockstuhl, H. & F. Störzner (2003): Hainich-Geschichtsbuch – Geschichte und Geschichtszeugen eines Naturerbes in Thüringen. Verlag Rockstuhl (3. Aufl.).

Scherzinger, W. (1994): Walddynamik und Tierartenschutz – lenkende Eingriffe oder ungestörte Entwicklung. Naturschutzreport 7 (1): 24–44.

Scherzinger, W. (1996): Naturschutz im Wald. Stuttgart: Ulmer (448 S.).

Schretzenmayr, M. (Hrsg.) (1975): Der Wald. Leipzig, Jena, Berlin: Urania (260 S.).

Schulze, E.-D. (1999): Biodiversität und Ökosystemfunktionen in den laubabwerfenden Wäldern der gemäßigten Zone. Naturschutzreport 16: 18–45.

Schulze, E.-D., S. Klaus, W. Westhus, J. Wiesner, F. Fritzlar, G. Profft, C. Roscher, J. Wäldchen & W. W. Weisser (2009): Biodiversität in Thüringen: Zustand, Ursachen, Funktion, Zukunft. Naturschutz und Landschaftsplanung 41 (12): 365–374.

Schulze, E.-D., P. Ciais, S. Luyssaert, M. Schrumpf, I. A. Janssens, B. Thiruchittampalam, J. Theloke, M. Saurat, S. Bringezu, J. Lelieveld, A. Lohila, C. Rebmann, M. Jung, D. Bastviken, G. Abril, G. Grassi, A. Leip, A. Freibauer, W. Kutsch, A. Don, J. Nieschulze, A. Borner, J. H. Gash & A. J. Dolman (2010): The European carbon balance. Part 4: integration of carbon and other trace-gas fluxes. Global Change Biology 16 (8): 2399.

Schulze, E.-D. & C. Körner (2012): Nettoprimärproduktion und Bioenergie. Leopoldina-Studie, Supplement: 90–101.

Sperber, G. & S. Thierfelder (2005): Urwälder Deutschlands. München, Wien, Zürich: BLV (160 S.).

Spieß, H.-J. & P. Wernicke (2013): Serrahn – Weltnaturerbe im Müritznationalpark. Rangsdorf: Natur + Text (156 S.).

Stern, H., H. Biebelriether, P. Burschel, R. Plochmann, W. Schröder & H. Schulz (1979): Rettet den Wald. München: Kindler (394 S.).

Succow, M., L. Jeschke & H.-D. Knapp (2012): Naturschutz in Deutschland. Berlin: Links Verlag (332 S.).

Thüringer Landesanstalt für Umwelt (1999): Naturwald in Europa – Leitbild für den künftigen Nationalpark „Hainich". Naturschutzreport 16 (172 S.).

Tüxen, R. (1986): Unser Buchenwald im Jahresverlauf. Beiheft zu den Veröffentlichungen für Naturschutz und Landschaftspflege in Baden-Württemberg 47: 1–128.

Westhus, W. & S. Klaus (1993): Landschaftsteile mit gesamtstaatlicher Bedeutung für den Arten- und Biotopschutz – offene Liste für das Land Thüringen. Landschaftspflege u. Naturschutz Thür. 30 (4): 85–93.

Wiesner, J. (Hrsg.) (2010): Pilze – Leben im Untergrund. Landschaftspflege u. Naturschutz Thür. 47 (Sonderh.): 153–232.

Winter, S., T. Steuerwald, C. Stoll, M.-C. Riecher & R. Gerigk (2023): Die Menge macht das Gift – wo liegen die Konsumgrenzen unserer Rohstoffe, um Wald erhalten zu können. Kritischer Agrarbericht, https://kritischer-agrarbericht.de/agrarberichte/2023, S. 240–246.

# Anhang

## Zeittafel

### Zur Entstehung und Entwicklung des Nationalparks „Hainich"

#### 1. Phase: Ideenbildung und Ringen um die politische Akzeptanz

1992
Beginn der systematischen Suche nach Flächen für einen Laubwald-Nationalpark in Thüringen durch Edgar Reisinger und Siegfried Klaus, Mitarbeiter der Thüringer Landesanstalt für Umwelt Jena.

1993
Flächen des Truppenübungsplatzes Kindel werden zur Prüfung auf seine Eignung empfohlen. Ein Erstentwurf mit Abgrenzungs- und Zonierungsvorschlägen wird dem Thüringer Umweltministerium (TMUL, Abt. 3) übergeben. Der Hainich wird in die Gebiete von „europaweiter Bedeutung" eingeordnet und die Einrichtung eines Großschutzgebietes von europäischem Rang empfohlen.

1994
Durch die Veröffentlichung „Der Hainich in Thüringen – vergessenes Laubwaldgebiet mitten in Deutschland" in der Zeitschrift „Nationalpark" rückt das Gebiet erstmals in das Blickfeld der Nationalparkplanung in Deutschland. Ein Schutzwürdigkeitsgutachten „NSG Südlicher Hainich" einschließlich der Erstellung einer Übersichtskarte wird in Auftrag gegeben.
Im Rahmen einer Koalitionsvereinbarung zwischen CDU und SPD wird beschlossen, Möglichkeiten der Realisierung eines Nationalparks im Hainich durch das neu gegründete Thüringer Ministerium für Landwirtschaft, Naturschutz und Umwelt prüfen zu lassen.
Gründung des „Vereins der Freunde des Naturparks Eichsfeld-Hainich-Werratal und des Nationalparks Hainich e. V." sowie Gründung der Arbeitsgruppe „Prüfauftrag Nationalpark Hainich".

1995
Beantragung eines EU-LIFE-Projektes für Naturschutzmaßnahmen im Hainich bei der EU-Kommission. Sonderausstellung „Weltnaturerbe Hainich" im Naturkundemuseum Erfurt. Eine Veröffentlichung in GEO (Henschel & Stephan) macht den Hainich deutschlandweit bekannt.

1996
Eine Studie zu Nationalparken in Deutschland belegt die besondere Eignung des Hainich als Laubwaldnationalpark. Der Hainich wird als Regionalentwicklungsprojekt auf europäischer Ebene vorgestellt.

#### 2. Phase: Fixierung des politischen Willens für einen Nationalpark Hainich und Variantenanalyse

1996
Bewilligung des LIFE-Antrags durch die EU-Kommission (finanzielle Mittel in Höhe von 2,2 Mio. DM für ein Schutzkonzept, Öffentlichkeitsarbeit und drei Personalstellen).

1996
Eröffnung des „Informationszentrums Hainich".
Das Thüringer Kabinett beschließt das „Integrierte Schutzkonzept für den Hainich" mit den drei Kernaussagen: Einrichtung eines Nationalparks, Ausweisung von Naturwaldreservaten, Realisierung des Naturparks „Eichsfeld-Hainich-Werratal".

Aufträge zur Erstellung von Konzepten zur Pflege- und Entwicklung, Einrichtung und Wegeführung, Dorfentwicklung und Tourismus werden vergeben.

1997
Mit dem Bund wird eine Verwaltungsvereinbarung über den südlichen Hainich geschlossen.
Der Referentenentwurf zum Nationalparkgesetz liegt vor.
Das erste Internationale Jugendcamp mit Aktivitäten im künftigen Nationalpark findet statt.
Das „Thüringer Gesetz über den Nationalpark Hainich und zur Änderung naturschutzrechtlicher Vorschriften" vom 19. Dezember tritt am 31.12.1997 in Kraft.

## 3. Phase: Der Nationalpark nimmt Gestalt an

1998
Gründungsveranstaltung des Nationalparks Hainich und Eröffnung der Nationalparkausstellung in Kammerforst.
Die Nationalparkverwaltung nimmt in Bad Langensalza ihre Arbeit auf.
1.057 ha Wald werden Eigentum des Landes Thüringen und der Schutzzone 1 (nutzungsfrei) zugeordnet.
Eröffnung der Nationalparkinformationsstelle in Bad Langensalza.

1999
Zehn Rundwanderwege werden beschildert und zur öffentlichen Benutzung freigegeben.
Als weiterer Schritt zur Realisierung des „Integrierten Schutzkonzepts für den Hainich" wird die Thüringer Verordnung über das Naturwaldreservat mit forstlicher Zielsetzung „Plenterwald Hainich" verkündet, die eine Waldfläche von 6.593 ha zum Naturwaldreservat erklärt.

2001
Dem Nationalpark Hainich wird der Europäische Umweltpreis verliehen.

2002
Weitere mehr als 4.000 ha Fläche gehen an das Land Thüringen über – Thüringen ist alleiniger Besitzer der gesamten Nationalparkfläche.
Wesentliche Teile der Infrastruktur wurden geschaffen. Die Forschung nimmt einen wichtigen Platz ein. Über 100.000 Besucher waren zu Gast. Von der Nationalparkfläche sind bereits 84 % nutzungsfrei!

Vor fünf Jahren keinesfalls selbstverständlich ist der Nationalpark eine anerkannte und akzeptierte Einrichtung in der Hainichregion geworden. Das Integrierte Schutzkonzept hat sich als tragfähige Entscheidung erwiesen. Auf dieser Basis kann die Nationalparkverwaltung mit den Menschen im Umfeld an der Realisierung der Schutzziele arbeiten. Die Zusammenarbeit mit den Kommunen und Landkreisen ist gut; bereits 1998 wurde hierzu ein Arbeitskreis gegründet. Die Arbeit der Nationalparkverwaltung und die positive Entwicklung des Hainich wurde auch von der EU-Kommission durch die Verleihung des Europäischen Umweltpreises anerkannt.

## 4. Phase: Vom Übungsplatz zum Welterbe – der Hainich auf dem Weg zum „Urwald mitten in Deutschland"

2007
Der letzte Laubholzeinschlag liegt zehn Jahre zurück, die Schafbeweidung wurde deutlich reduziert. 90 % des Gebietes sind nutzungsfrei, sodass der Hainich die größte nutzungsfreie Laubwaldfläche Deutschlands aufweist.

Wissenschaftler aus ganz Deutschland führen hier langjährige Untersuchungen durch, die in jährlich aktualisierten Forschungs- und Artenberichten dokumentiert sind. Die Wildkatze ist sicherlich die prominenteste Art im Nationalpark, aber nur eine von geschätzten 10.000 Tierarten. Allein 2.000 Käferarten wurden bisher erfasst, darunter Neunachweise für Thüringen und Deutschland sowie Wiederfunde von Arten, die als ausgestorben galten.

2008
Das Vorhaben „Welterbe Alte Buchenwälder Deutschlands" wird vorgestellt.

2010
Deutschland reicht bei der UNESCO-Kommission einen Antrag „Alte Buchenwälder Deutschlands" zur Einschreibung in die Welterbeliste ein.

2011
Das Welterbekomitee stimmt dem Antrag zu: Zentrale Bereiche des Nationalparks Hainich sind damit Teil der Welterbestätte „Buchenurwälder der Karpaten und alte Buchenwälder Deutschlands".

2012
Das Wildkatzendorf in Hütscheroda wird eröffnet.

2013
Die Ergebnisse der ersten Wiederholung der Waldinventur werden vorgestellt: Der Hainich ist auf seinem Weg zum „Urwald mitten in Deutschland" ein gutes Stück vorangekommen.
Der Anteil nutzungsfreier Bereiche im Nationalpark steigt auf 94 %. Alle Laubwaldflächen sind damit zumindest seit 15 Jahren ohne Nutzung, einige Teilflächen sogar seit rund 50 Jahren. Mit dem Abschluss des Nadelholzeinschlages 2007 sind seit dieser Zeit 100 % der Waldflächen nutzungsfrei.

2014
Vermutlich nach mehr als 200 Jahren Abwesenheit wird wieder ein Luchs im Nationalpark nachgewiesen.

2019
Der Klimawandel zeigt sich auch im Hainich – in exponierten Hanglagen auf der Westseite sterben vereinzelt selbst alte Buchen ab.

2022
Der Wolf streift durch den Hainich, ein Goldschakal ist eingewandert und der Kranich brütet erfolgreich.

Die Bilanz fällt sehr erfreulich aus: Ein ehemaliges militärisches Übungsgelände, ohne touristische Infrastruktur, eine selbst in Thüringen unbekannte Waldlandschaft – das waren 1998 die Startbedingungen für den Nationalpark. Heute hat das Gebiet das Prädikat „UNESCO-Welterbe", eine ausgezeichnete Wanderinfrastruktur, bietet mit dem Baumkronenpfad eine ganz besondere Attraktion und hat mit mehr als 6 Millionen Besuchern seit 1998 zur ökonomischen Belebung der Region beigetragen. Ein Gutachten hat rund 270 Arbeitsplätze ermittelt, die durch den Nationalparktourismus entstanden sind.

## Glossar – Fachbegriffe kurz erklärt

**Aspekt:** hier: Blühphase im Jahresablauf eines Laubwaldes

**atlantisch:** vom Atlantischen Ozean beeinflusstes Klima (niederschlagsreich, wintermild)

**Biosphärenreservat**: großflächiges Schutzgebiet aus dem internationalen Programm „Mensch und Biosphäre" zum Erhalt extensiv genutzter Kulturlandschaften. Die Anerkennung verleiht die UNESCO. In Thüringen haben Rhön und Vessertal diesen Schutzstatus.

**bodensaurer Buchenwald:** Buchenwald auf saurem Grundgestein (z. B. Urgesteine, Sandstein, Diabas, Basalt)

**boreale Waldzone:** nördliche Nadelwaldzone (z.B. in Skandinavien, nördliche Taiga)

**Buchenrotschwanz:** auch Buchenrotschwanzspinner (*Dasychira pudibunda*) genannt, dessen Raupe ernährt sich von Rotbuchenblättern. Bei Massenbefall können Buchen kahl gefressen werden.

**Erdfall:** durch Auslaugung im Untergrund (z. B. über Gips oder Salzlagern) entstandene Senkung der Oberfläche, die sich mit Wasser füllen kann

**Evolution:** stammesgeschichtliche Entwicklung der Lebewesen

**FFH-Gebiete:** nach der Fauna-Flora-Habitat-Richtlinie der EU zu schützende Flächen

**Geophyt:** Pflanzen, die aus Reserveorganen (Zwiebeln, Knollen, Wurzelstöcken) zeitig im Jahr auszutreiben vermögen und früh blühen

**Halbtrockenrasen:** lückige, von nieder- bis mittelwüchsigen Gräsern und Kräutern geprägte Magerrasen trockener bis mäßig trockener Standorte auf Fels, Kies, Sand, Kalk, Gips, Lehm oder Ton; im Hainich auf Muschelkalk, z. T mit eingestreuten Büschen und Bäumen

**Horst:** hier: Nest großer Vögel (Adler, Störche, Reiher)

**IUCN:** International Union for Conservation of Nature and Natural Resources – internationale Naturschutzorganisation, die u. a. für die Anerkennung von Nationalparken zuständig ist und entsprechende Regeln für Schutzgebiets-Klassen erlässt

**Kalkbuchenwald:** Buchenwald auf basisch verwitterndem Gestein, z. B. Muschelkalk

**Karstquelle:** stark schüttende Quellform, die aus unterirdischen Wasserströmen im Kalkgestein, Dolomit oder Gips gespeist wird; meist in Verbindung mit Karsthöhlen, die durch Auslaugung entstehen

**Kohlenstoffsenke**: Gebiet, das in der Lage ist, Kohlenstoff aufzunehmen und über einen längeren Zeitraum zu speichern. Meere, Wälder und Moore gehören zu den wichtigsten Kohlenstoffspeichern der Erde.

**Kolk:** tiefe Stellen im Bachbett, meist durch Wasserwirbel entstanden

**kollin**: Höhenstufe zwischen 150 und 300 m (Hügellandstufe), die durch ein bestimmtes Klima und typische Vegetationseinheiten von anderen Höhenstufen abgegrenzt werden können.

**Kontinentalklima:** Klima über großen Landmassen des Kontinents (warme, trockene Sommer, kalte Winter)

**Landschaftspflege:** Pflegemaßnahmen zur Erhaltung von Lebensräumen und ihrer typischen Artenausstattung

**Landschaftsschutzgebiet (LSG):** Schutzstatus nach dem Naturschutzgesetz mit dem Ziel, die Leistungsfähigkeit des Naturhaushalts und die Nutzung oder Regenerationsfähigkeit der Naturgüter zu erhalten, wiederherzustellen oder zu entwickeln sowie die Vielfalt, Schönheit und Erholungseignung einer Landschaft zu sichern; für den Naturschutz jedoch in der Regel von geringer Wirksamkeit, vom Inhalt der Schutzverordnung abhängig. In Deutschland bestehen derzeit 8.900 Landschaftsschutzgebiete, die 26,5 % des Bundesgebietes einnehmen (Stand 2019).

**Laubgenossenschaft:** besondere Form des gemeinschaftlichen Waldbesitzes im Hainich

**Leitart:** Pflanzen- oder Tierart, die mit höchster Stetigkeit in einem Biotoptyp oder in Abhängigkeit von bestimmten Standortfaktoren vorkommt

**LIFE-Programm:** Programm der Europäischen Union zur Förderung von Naturschutzprojekten einschließlich Umweltbildung und naturverträglicher Wirtschaftsweisen, künftig konzentriert auf europäische Schutzgebiete der Kategorie Natura 2000 (EU-Vogelschutzgebiete und FFH-Gebiete)

**Mastbaum:** Begriff aus der Zeit der Waldweidewirtschaft. „Masttragende" Bäume sind Buchen und Eichen, die in bestimmten Jahren stark fruchten und deren Früchte als Zusatznahrung für das Weidevieh begehrt waren.

**Mineralisation:** Abbau komplexer organischer Verbindungen durch Mikroorganismen im Waldboden zu wasserlöslichen Ausgangsstoffen, meist Salzen, die von Pflanzen aufgenommen werden können (Stoffkreislauf)

**Mittelwald:** historische Form der Waldnutzung, bei der die Masse des Holzes zu Heizzwecken früh eingeschlagen, ausgewählte Bäume (sogenannte „Lassreitel") jedoch als Bauholz „übergehalten" und in höherem Alter genutzt wurden

**Monokultur:** hier: als Reinkultur nur einer Baumart (meist Fichte oder Kiefer, aber auch Laubholz) gepflanzter Forstbestand

**Mosaikzyklus-Konzept:** am Beispiel von Urwäldern entwickeltes theoretisches Modell, das deren Aufbau aus „Mosaiksteinen" meist gleicher Baumarten und gleichem Baumalter und deren Aufeinanderfolge bei der Waldverjüngung als Kreislauf beschreibt (siehe Fachtafel S. 63)

**Nationalpark (NLP):** nach den Festlegungen der IUCN gesetzlich geschützte, großräumige Naturlandschaft von nationaler und internationaler – oft weltweiter – Bedeutung; umfasst meist mehrere Ökosysteme, die durch menschliche Nutzung nicht oder nicht wesentlich verändert sind bzw. sich nach früherer Beeinträchtigung wieder zu Naturlandschaften zu regenerieren vermögen. Ziele: Schutz der natürlichen Entwicklungsprozesse ohne menschliche Eingriffe, d. h. auch ohne Nutzung, auf mindestens drei Viertel der Nationalparkfläche, Bewahrung der Artenvielfalt, Bildung, Erholung und Forschung. Nationalparke unterstehen der höchsten für Naturschutz zuständigen Instanz eines Staates.

**Nationalparkeffekt:** Nach Einstellung der Jagd legen Großtiere ihre Scheu vor dem Menschen ab und zeigen sich dem Nationalparkbesucher auf relativ kurze Distanz.

**Naturpark:** Schutzstatus nach dem Naturschutzgesetz, vorrangig ausgewiesen zu Zwecken der Erholung und des

Fremdenverkehrs; in den neuen Bundesländern mit stärkerer Naturschutzkomponente als in den alten Ländern. In der Bundesrepublik bestehen rund 100 Naturparke, die 27 % der Landesfläche einnehmen (Stand 2019). Der Hainich-Nationalpark wird vom Naturpark Eichsfeld-Hainich-Werratal umgeben.

**Naturschutzgebiet (NSG):** nach deutschem Recht die strengste Kategorie eines Schutzgebietes, das auch Betretungsverbote beinhalten kann. Ziel ist es, Lebensgemeinschaften und Biotope bestimmter wildlebender Pflanzen und Tiere zu erhalten. Als Schutzgründe gelten auch Seltenheit, Eigenart oder hervorragende Schönheit von Natur und Landschaft in ihrer Ganzheit oder einzelnen Teilen. Außerdem können wissenschaftliche, naturgeschichtliche oder landeskundliche Gründe einen Schutz erforderlich machen. Land- und forstwirtschaftliche Nutzung sind aber zugelassen. Im internationalen Vergleich ist dies eher ein Sonderfall.

**Naturwald:** Wald, der nach Aufgabe forstlicher Bewirtschaftung oder anderer Nutzungen der natürlichen Entwicklung überlassen bleibt, bzw. Wald, der ausschließlich aus einer rein natürlichen Vegetationsabfolge hervorgegangen ist und meist noch Merkmale früherer menschlicher Einwirkungen erkennen lässt

**Naturwaldparzelle:** Waldflächen, die ohne Nutzung als Schutzgebiete nach dem Thüringer Waldgesetz ausgewiesen werden

**Naturwaldreservat**: dient gemäß Thüringer Waldgesetz der Erhaltung oder Erneuerung naturnaher oder durch kulturhistorische Nutzung geprägter Wälder mit einer den Schutzzielen entsprechenden forstlichen Bewirtschaftung

**Ökosystem:** Beziehungsgefüge belebter und unbelebter Natur von Organismen und ihrem Lebensraum, die durch Stoff- und Energiekreisläufe mannigfach miteinander verbunden sind

**Pflanzengesellschaft:** Gemeinschaft von Pflanzen an einem Standort, von Botanikern nach wenigen typischen Vertretern (Leitarten) benannt

**Plenterwald:** ungleichaltriger Wald, bei dem Einzelstämme geerntet werden und die Verjüngung durch natürliche Keimung (ohne Aussaat oder Pflanzung) erfolgt; meist aus Fichten, Tannen und Buchen bestehend, im Hainich überwiegen Rotbuchen

**potenzielle natürliche Vegetation:** Endzustand der Vegetation, die man in einem jeweiligen Gebiet ohne Eingreifen des Menschen erwarten würde

**Prozessschutz:** oberstes Ziel in Nationalparken; bedeutet Schutz natürlicher Entwicklungsvorgänge (dynamischer Prozesse) ohne Eingriffe des Menschen, d. h. ohne „Pflege" und wirtschaftliche Nutzung

**Rio-Konvention:** Übereinkommen über die biologische Vielfalt; 1992 im Rahmen der Konferenz der Vereinten Nationen für Umwelt und Entwicklung in Rio de Janeiro verabschiedet. Ziele: weltweiter Schutz und ökologisch nachhaltige Nutzung von Tier- und Pflanzenarten sowie ihrer Lebensräume und die Erhaltung des darin geborgenen Reichtums

**Rote Liste:** Artenverzeichnis, in dem die ausgestorbenen und mehr oder minder stark gefährdeten Arten in einem politisch abgegrenzten Gebiet (Deutschland, Bundesland) aufgeführt sind; dient der Dokumentation von Folgen menschlichen Handelns für Arten und ihre Populationen. Sie sind kein juristisches Instrument, sondern ein wissenschaftliches Gutachten ohne Rechtsverbindlichkeit, in Deutschland entstanden nach dem Vorbild des Red Data Book der IUCN.

**Rotfäule:** eigentlich Weißfäule, beruht auf der Fähigkeit eines holzzerstörenden Pilzes (Wurzelschwamm), insbesondere im Inneren von Fichten durch Stoffwechselprodukte eine Rotfärbung der Zellulose hervorzurufen, ohne den Baum abzutöten. Dies geschieht meist an Bäumen auf ungeeignetem Standort (z. B. Muschelkalk) oder nach dem Schälen durch Rotwild.

**Schutzzone:** nach Nutzung unterteilte Bereiche des Nationalparks. In Schutzzone I finden keine Nutzungen mehr statt; Bedingung für eine internationale Anerkennung durch die IUCN sind 75 % nutzungsfreie Fläche. In der Schutzzone II (maximal 25 % der Fläche) können Besuchereinrichtungen und Renaturierungsmaßnahmen Platz finden.

**subatlantisch:** abgeschwächt atlantisch beeinflusster Klimabereich

**submontan:** Höhenstufe zwischen 300 und 450 m (zwischen der kollinen und der montanen Stufe); kann durch ein bestimmtes Klima und typische Vegetationseinheiten von anderen Höhenstufen abgegrenzt werden

**Sukzession:** zeitliche Abfolge verschiedener pflanzlicher oder tierischer Organismengemeinschaften. Primäre S.: erstmalige Besiedlung, z. B. von Vulkaninseln, Kiesbänken; sekundäre S.: Wiederherstellung des ehemaligen Zustands nach stärkeren Eingriffen von außen (Kahlschlag, Brand, Beweidung, Ackerbau). Die ungelenkte Sukzession läuft ohne Eingriffe des Menschen ab.

**Telemetrie:** hier: Methode zur Markierung von Tieren mit Kleinstsendern und deren Ortung; heute unverzichtbare Technik in der modernen Wildtierforschung

**Thüringer Becken:** Landschaftseinheit in der Mitte Thüringens mit hoher landwirtschaftlicher Nutzungsintensität (Lößboden) und geringem Waldanteil

**Trockenbach:** hier: nur zeitweise (nach Schneeschmelze, Gewitter, Starkregen) Wasser führender Bachlauf im Muschelkalkgebiet

**Ulmensterben:** verbreitete Pilzerkrankung an Ulmen, die zur Verstopfung der Leitungsbahnen im äußeren Splintholz und damit zum Welken und Absterben führt; wird durch den Ulmensplintkäfer übertragen. Trockenheit und andere Umwelteinflüsse begünstigen die Infektion.

**Urwald:** ausgedehnter Waldkomplex, der vom Menschen nie genutzt wurde und dessen Vegetation, Baumartenmischung und Aufbau seit jeher ausschließlich durch natürliche Standort- und Umweltfaktoren bedingt wurden; charakterisiert durch ein natürliches Waldbeziehungsgefüge mit natürlicher Pflanzen- und Tierwelt, der nach Bränden oder Naturkatastrophen durchaus auch gleich alte und wenig diverse Flächen besitzen kann. Im Nationalpark Hainich sollen durch die große Flächenausdehnung störende Einflüsse des Menschen vom Inneren des Waldes ferngehalten werden.

**Waldgesellschaft:** s. Pflanzengesellschaft

**Waldinventur:** stichprobenartige Erfassung von Bäumen, Strukturen und Bodenvegetation nach einheitlichem, wiederholbarem Verfahren. Dadurch werden Kenntnisse über die Vorräte an lebendem und totem Holz und deren

Dynamik sowie Änderungen der Bodenvegetation in den Wäldern erlangt.

**Wildnisgebiet:** Schutzgebietskategorie der IUCN; rechtlich dauerhaft geschützte Gebiete von großer Ausdehnung, in denen jegliche direkte menschliche Einflussnahme ausgeschlossen wird (z.B. auch Brandbekämpfung); Ziel ist die eigendynamische Entwicklung von bzw. zu natürlichen Ökosystemen

**Wildsuhle:** nasse Kuhle, durch Wälzen („Suhlen") großer Wildtiere (Wildschwein, Rothirsch) in Moor oder Schlamm entstanden und durch traditionelle Benutzung länger wasserführend

**Wirbellose:** wirbellose Tiere (Evertebraten). In diese Gruppe fällt die Hauptzahl aller tierischen Organismen, z. B. Insekten, Spinnen, Weichtiere.

**Wirbeltiere** (Vertebraten): hierzu gehören die Tierklassen der Säugetiere, Vögel, Amphibien, Reptilien und Fische

**Zerkleinerer:** ökologischer Begriff für Tiere, die pflanzliche Nahrung fressen und dabei zerkleinern

**Zersetzer:** ökologischer Begriff für Organismen, die komplexe Stoffe aufnehmen und abbauen, meist Mikroorganismen wie Pilze und Bakterien

## Dank

Für langjährige fachliche Diskussionen, Ratschläge, Bereitstellung von Literatur und die Durchsicht von Kapiteln danken wir Hans Bibelriether, Lutz Fähser, Frank Fritzlar, Uta Henschel, Lebrecht Jeschke, Hans-Dieter Knapp, Martina Mund, Andreas Nöllert, Georg Sperber, Werner Westhus und Jochen Wiesner. Ein besonderer Dank gilt Edgar Reisinger für sein engagiertes Eintreten für den Nationalpark Hainich – von der Idee bis zur Nationalparkausweisung!

Für die Bereitstellung unveröffentlichter Fotos danken wir Rüdiger Biehl und Franz Robiller senior.

Besonderer Dank gilt dem Verlag Natur+Text für gute Betreuung und Birgit Cirksena und Roland Lehmann für fachliche Ratschläge.

## Abbildungen

Die überwiegende Anzahl der Fotos fertigte in nunmehr 30-jähriger Arbeit im Hainich Thomas Stephan.
Ausnahmen bilden:

### Fotos

Seiten 9, 30 (re), 33 (u), 77, 78(4), 89 (u), 92, 93 (li), 94 (2), 95 (3), 102, 107 (li. u, re o), 130 (3), 131, 155 (re) Dr. Siegfried Klaus
Seite 18 Rüdiger Biehl
Seiten 31 (u), 88–89 Nationalparkverwaltung
Seite 33 (u) Manfred Großmann
Seite 107 (re. u) Doz. Dr. habil. Franz Robiller
Seite 150 Tino Sieland
Seite 153 Michaela Heinemann

### Grafiken

Seite 12 Lenkungsgruppe Weltnaturerbe Buchenwälder
Seite 15 Lenkungsgruppe Weltnaturerbe Buchenwälder (aus Leibnizinstitut für Länderkunde)
Seiten 39, 80, 82 Nationalparkverwaltung
Seite 63 Remmert 1994 (verändert)
Seiten 117, 119 ARTIFEX

Thüringens Umweltministerin Anja Siegesmund, die während ihrer Amtszeit den Nationalpark nach Kräften unterstützt hat.

## SPONSOREN

**Stiftung Naturschutz Thüringen**

Die Stiftung Naturschutz Thüringen ist eine Stiftung öffentlichen Rechts. Das größte Aufgabenfeld der Stiftung liegt im Flächenmanagement, sowohl für die stiftungseigenen Flächen als auch in der fachlichen Betreuung der Naturschutzflächen des Freistaates Thüringen. Zu den stiftungseigenen Flächen gehört auch das Grüne Band, genauer gesagt mehr als die Hälfte der ehemals bundeseigenen Flächen an der früheren innerdeutschen Grenze in Thüringen. Hier gilt es, einen national und international einmaligen Biotopverbund zu erhalten und zu entwickeln, aber auch die Grenze als Mahnmal deutscher Geschichte dauerhaft erlebbar zu gestalten.
Daneben fördert die Stiftung Projekte wie dieses Buch; sie setzt aber auch Eigenprojekte zur Auenentwicklung und Moorrevitalisierung um. Gefördert werden Forschung und Umweltbildung, Flächenerwerb für Zwecke des Naturschutzes und der Landschaftspflege sowie Pflege und Entwicklung von Schutzgebieten und Landschaft. Projekte, die mit einer Verbesserung für Naturhaushalt und Landschaftsbild verbunden sind, werden aus Mitteln der Ausgleichsabgabe finanziert. Für besonders herausragende Leistungen im Naturschutz verleiht die Stiftung im zweijährigen Turnus den Thüringer Naturschutzpreis.
Weitere Informationen unter www.stiftung-naturschutz-thueringen.de

**Gesellschaft zur Entwicklung des Nationalparks Hainich (GEN-Hainich e. V.)**

Der Förderverein ist als gemeinnütziger Verein seit 2003 tätig und widmet sich gemäß Satzung der Unterstützung des Nationalparks Hainich. Der Verein sieht seine Aufgabe dabei vorrangig in der Realisierung von Projekten, die dem Nationalpark zu mehr Akzeptanz verhelfen und gleichzeitig öffentlichkeitswirksam sind. Zweck des Vereins ist die Förderung der Idee des Nationalparks Hainich und seines Schutzzwecks. Dabei unterstützt er Umwelt- und Naturschutzaufgaben, Durchführung von Veranstaltungen sowie Maßnahmen und Projekte der Öffentlichkeitsarbeit und Umweltbildung beratend und materiell.
Weitere Informationen unter www.nationalpark-hainich.de/informieren/foerderverein-gen.html

**Verein der Freunde der Vogelschutzwarte Seebach e. V.**

Aus der Satzung des „Vereins der Freunde der Vogelschutzwarte Seebach e. V."
Der „Verein der Freunde der Vogelschutzwarte Seebach e. V." betreibt Ausstellungen, Publikationstätigkeit und Öffentlichkeitsarbeit auf dem Gebiet des Vogelschutzes, die u. a. das Lebenswerk des Vogelschutzwarten-Gründers, Hans Freiherr v. Berlepsch, illustrieren, fördert wissenschaftliche Untersuchungen zum Vogelschutz und praktische Maßnahmen zur Erhaltung und Verbesserung von Lebensräumen der Vögel. Ein besonderes Ziel ist die Sicherung des Stammsitzes der Staatlichen Vogelschutzwarte Seebach, der ersten dieser Art in Deutschland. Führungen ohne Anmeldung: Mai bis Oktober jeweils samstags, sonn- und feiertags 14.00 Uhr durch Gästeführer des Vereines.
Weitere Informationen unter www.vogelschutzwarte.de

## Die Autoren

### Manfred Großmann

1961 in Mittelfranken (Bayern) geboren. Nach seinem Studium der Landespflege an der Fachhochschule Weihenstephan arbeitete er von 1986–1991 als Mitarbeiter in einem Landschaftsplanungsbüro in Freising am Bayerischen Arten- und Biotopschutzprogramm mit. Diese Erfahrungen brachte er in den Aufbau der Thüringer Naturschutzverwaltung ein. Von 1992–1997 war er zunächst Referent für Arten- und Biotopschutz, dann Referatsleiter für Landschaftspflege im Thüringer Umweltministerium in Erfurt. Mit der Gründung des Nationalparks Hainich erfolgte im Januar 1998 der Wechsel in die Nationalparkverwaltung, wo er zunächst Leiter des Sachgebietes Naturschutz und Forschung und stellvertretender Nationalparkleiter war. Im September 2007 übernahm er die Leitung des Nationalparks. Von Beginn an war er als Sprecher einer Lenkungsgruppe in den Prozess der Einschreibung der „Alten Buchenwälder Deutschlands" als UNESCO-Weltnaturerbe intensiv eingebunden.
Manfred Großmann ist überzeugter Verfechter einer konsequenten Umsetzung der Nationalparkidee „Natur Natur sein lassen" und arbeitet daran im Hainich mit seiner ganzen Kraft.

### Dr. Siegfried Klaus

Geboren 1942 in Mittweida/Sachsen. 1961–1966 Biologiestudium an der Universität Jena. 1966–1969 Aspirantur am Akademie-Institut für Mikrobiologie und experimentelle Therapie Jena, 1970 Promotion. Abschluss der molekularbiologischen Forschung mit dem Lehrbuch „Bakterienviren" (Gustav Fischer Verlag Jena 1992). 1991 Wechsel an die im Aufbau befindliche Landesanstalt für Umwelt Jena, Leitung des Referats „Artenschutz, Vogelschutzwarte Seebach" bis zur Pensionierung 2007. Ab 1993 mit Edgar Reisinger Ideen-Entwicklung, Öffentlichkeitsarbeit und Ringen um politische Akzeptanz für den Nationalpark Hainich. 1997 Abordnung an das Thüringer Ministerium für Landwirtschaft, Naturschutz und Umwelt – Planungsarbeiten für den Nationalpark bis zur Ausweisung. Seit 1960 ornithologische, ökologische und naturschutzrelevante Forschung (Monografien, u. a. „Auerhühner & Co." 2020, „Der Holzweg" (Mitherausgeber) 2021). Leitung der AG „Waldnaturschutz" im NABU Thüringen bis 2022. Mitglied in Beiräten (Thüringenforst ab 2012, Nationalparke Sächsische Schweiz, Böhmische Schweiz bis 2022).

### Thomas Stephan

Jahrgang 1957. 1976–1981 Studium an der Fachhochschule Dortmund mit Schwerpunkt Bildjournalismus, Abschluss als Diplom Foto-Designer (FH), seit 1982 freier Fotograf mit Auftragsarbeiten u. a. auch für die Zeitschrift Geo. Das Spektrum der rund 40 bei Geo veröffentlichten Wissenschaftsreportagen umfasst Themen aus den Bereichen Medizin, Archäologie und Natur. Die Dokumentation über frühgeborene Fünflinge wurde mit dem 1. Platz in der Kategorie Wissenschaft und Technik beim World Press Photo Contest 1988 ausgezeichnet. Mehrere Jahre Vertragsfotograf für die New Yorker Agentur Black Star. Beteiligung an zahlreichen Fotoprojekten u. a. „Over Europe" (Weldon Owen, San Francisco), „Arborescence" (Frèche Fine Arts, Paris). Seit rund 25 Jahren ist sein Arbeitsschwerpunkt das Naturerbe Mitteleuropas, seit 1994 Mitarbeit im heutigen Nationalpark Hainich, 2003/2004 Erstellung eines Online-Bildarchivs für das Bundesprogramm Ökologischer Landbau, 2005 erschien das Geo-Buch „Natur in Deutschland", 2008 das Buch „Frankens Naturerbe – Buchenwälder im Steigerwald", 2012 das Buch „Grünes Wunder – Deutschlands Wälder", 2018 das Buch ,,Ein Wald im Wandel: Fotodokumentation der ersten 20 Jahre des Nationalparks Hainich".

Von links nach rechts: Manfred Großmann, Dr. Siegfried Klaus, Thomas Stephan.

Hohltaube (links), bunte Baumartenmischung mit Bergahorn, Buche und Esche, Eichelhäher (rechts).

**Alte Buchenwälder Deutschlands**

Die Rotbuche hat sich seit der letzten Eiszeit europaweit durchgesetzt und Buchenwälder könnten heute Mitteleuropa überziehen. Wäre da nicht der Mensch, der große Teile der Wälder für den eigenen Nutzen abholzte. Doch noch gibt es einige Buchenwälder, die aufgrund ihrer „Unversehrtheit" 2011 zum UNESCO-Weltnaturerbe erklärt wurden. Der „Serrahn" ist einer der ältesten und größten ungenutzten Wälder. Der Buchenwald des „Hainich" steht auf einem ehemaligen Militärgelände. Die Buchen im „Grumsin" wachsen auf einer moor- und seereichen Moränenlandschaft. Der „Kellerwald-Edersee" ist eines der kleinsten Schutzgebiete, wartet aber mit einem wahren „Buchenmeer" auf, und die Buchen auf der Halbinsel Jasmund (Rügen) fallen buchstäblich in die Ostsee. Lebendig schildern die Autoren die Waldentwicklung, beschreiben die Tiere und Pflanzen in den Wäldern und erläutern die jeweiligen Besonderheiten. Wandertipps und Ausflugsziele runden die Bände ab.

Alle Titel der Reihe: Hardcover, 24 × 22 cm, mit vielen, teilweise ganzseitigen Fotos, Preis: 24,90 Euro

Band 1 Serrahn
(Mecklenburg-Vorpommern)

Hans-Jürgen Spieß,
Peter Wernicke (†)
*Serrahn – Weltnaturerbe im Müritz-Nationalpark*
156 S., Natur + Text 2013,
ISBN 978-3-942062-07-7

Band 2 Hainich
(Thüringen)

Manfred Großmann, Siegfried Klaus, Thomas Stephan
*Nationalpark Hainich – Weltnaturerbe in Thüringen*
156 S., 2., aktualisierte Auflage, Natur + Text 2023,
ISBN 978-3-942062-59-6

Band 3 Grumsin
(Brandenburg)

Beate Blahy, Martin Flade
(LfU Brandenburg)
*Grumsin – Weltnaturerbe im Biosphärenreservat Schorfheide-Chorin*
168 S., Natur + Text 2017,
ISBN 978-3-942062-20-6

Band 4 Kellerwald-Edersee
(Hessen)

Norbert Panek
*Nationalpark Kellerwald-Edersee – Weltnaturerbe in Hessen*
168 S., Natur + Text 2017
ISBN 978-3-942062-30-5

Band 5 Jasmund
(Mecklenburg-Vorpommern)

Lebrecht Jeschke,
Hans Dieter Knapp
*Nationalpark Jasmund – Weltnaturerbe auf Rügen*
192 S., Natur + Text 2019
ISBN 978-3-942062-21-3

Alle fünf Bände sind auch im Paket für 100,00 Euro erhältlich, ISBN 978-3-942062-45-9
Alle fünf Bände zusammen in einem fein gearbeiteten Buchenholzschuber zum Preis von 160,00 Euro

www.naturundtext.de/buchladen

Kammerforster Holz
Nationalpark Hainich
Mönchsholz
Paradieschen
Hutwiese
Thamsbrücker Holz
Oberholz
Blummerrod
Mülverstedter Holz
Am Zollgarten
Wildkatzenkinderwald
Betteleiche
Eiserne Hand
Harsberg
Urwald-Life-Camp
Hainich
Bischofroda